本项目是浙江省哲学社会科学规划研究课题成果（项目编号：16JDGH079）
浙江省《千村故事》资助项目

追忆·胡卜

——一个江南乡村的纪实影像

余国静 王东惠 著

中国社会科学出版社

图书在版编目（CIP）数据

追忆·胡卜：一个江南乡村的纪实影像 / 余国静，王东惠著.
-- 北京：中国社会科学出版社，2018.6
　ISBN 978-7-5203-3027-5

Ⅰ．①追… Ⅱ．①余… ②王… Ⅲ．①农村社会学－新昌县－图集　Ⅳ．① C912.82-64

中国版本图书馆 CIP 数据核字（2018）第 193096 号

出 版 人	赵剑英
责任编辑	吴丽平
责任校对	张翠萍
责任印制	李寡寡

出　　版	中国社会科学出版社
社　　址	北京鼓楼西大街甲 158 号
邮　　编	100720
网　　址	http://www.csspw.cn
发 行 部	010-84083685
门 市 部	010-84029450
经　　销	新华书店及其他书店

印刷装订	北京君升印刷有限公司
版　　次	2018 年 6 月第 1 版
印　　次	2018 年 6 月第 1 次印刷

开　　本	787×1092　1/16
印　　张	14.5
字　　数	200 千字
定　　价	75.00 元

凡购买中国社会科学出版社图书，如有质量问题请与本社营销中心联系调换
电话：010-84083683
版权所有　侵权必究

序

当余国静老师邀请我为这本影像志写几个字的时候,我没敢贸然答应。我说,寄过来稿子看看,我能不能承担得起这个邀请。稿件寄过来了,几个关键词:新昌、梅溪、移民搬迁,还有那些黑白影像中的祠堂、台门、老宅、人物,不由我不打起十二分精神。

先说新昌。新昌我没有去过,但是这个地方对于我这个搞戏的人来说,可是梦绕魂牵。明万历二十四年(1596)丙申八月,时任遂昌县知县的大戏曲家汤显祖,到绍兴府结课(就是办理完赋税手续),恰布政使参政不在,回来时途经嵊县、新昌,并于八月十四四十七岁生日当晚住在新昌衙署,受到新昌县知县朱明府的款待,还留诗两首。第一首为《未抵嵊数里阻雨仙岩诘朝留新昌作》,诗文为:

江寒风雨飞,仙岩气虚碧。崩云沉户牖,冲飙荡檐隙。孤亭下车马,湿装开委积。
煴衣宁及晨,蓐食且兹夕。安知夜淋沥,灭烛移枕席。恐为奔湍阻,侵宵警前策。
抵嵊日逾午,剡棹兴非昔。皂勉向津衢,新昌留暮客。信宿何足难?去住亦取适。
知是淮南豪,家世江右籍。维扬豫章门,水木如不隔。欣言领幽意,南岩候辉魄。
极目莓梁滑,路迥桑洲驿。略约风云掀,始觉霞标赤。轩署复闲敞,消散流寓迹。
岂免厨传费,用慰山水役。佳期良在兹,秋光洒萝薜。

第二首为《新昌阻雨夜宴朱明府署中时度四十七》,诗文为:

客行苦无惊,回旋有淹疾。结课来越州,逢迎绣衣出。东关望嵊邑,惊风乱林术。
摆挈江海云,昼夜雨花溢。衣被徒束湿,冠带已解漆。咫尺天台姿,津澨断非一。
月岩了在眼,正恐夜离毕。赖有佳主人,端居许容膝。芸香余护衣,绿蕉轩散帙。

> 流连秋水咏，黯淡愁霖笔。乍觉云气疏，旋闻雨声密。淹歌永凉夜，惭逢贱生日。半百犹在兹，倦游心所悉。鸡鸣动如晦，草根悽蟋蟀。暂得爽莓梁，去访烟霞质。

汤显祖在到新昌以后除了衙署还去了哪些地方，是否周边访古，没有见到记述，徐朔方《汤显祖年谱》也没有交代之后的行踪。有人说去新昌是为了去天台，如果去天台大概走的是经天姥山的徐霞客古道，那就没有机会绕行胡卜村街市的蛋石路（一条新昌通向奉化的古道），也是遗憾，不然一定会在胡卜市歇歇脚、打打尖，为胡卜村的故老们留下一段千古佳话。

新昌的调腔是明代一支重要戏曲声腔，2006年被国务院列入第一批国家级非物质文化遗产名录。晚明著名文学家张岱在其《陶庵梦忆》中就有"朱楚生，女戏耳，调腔戏耳。其科白之妙，有本腔不能得十分之一者"，"是夜彭天锡与罗三、与民串本腔戏，妙绝；与楚生、素芝串调腔戏，又复妙绝"云云。调腔中的目连戏（也称绍兴目连戏）更是通过鲁迅先生的《女吊》《无常》等名篇而弘扬天下。作为新昌调腔活动中心的胡卜村，自然是锣鼓喧天，声腔遏云，不仅活跃着村落目连班，还保留有清代抄本《目连救母记》。如今，胡卜村的村民已经因搬迁而星散，目连戏的班子还能不能组织起来，演出还能不能继续下去不得而知了。即使还能组织起来，原来的祈福教化功能恐怕也逐渐淡化殆尽了。

再说梅溪。胡卜村胡氏先祖璟，于五代时隐居七星峰下，在溪边植梅十里，自号"梅溪"，从此有了梅溪胡氏一脉。南宋状元，著名政治家、诗人，爱国名臣王十朋，乐清梅溪村人，也号"梅溪"，千古名联"云朝朝朝朝朝朝朝朝散，潮长长长长长长长长消"，即出自其手。两个"梅溪"本来风马牛不相及。但调腔剧目以《荆钗记》（南戏四大经典剧目之一）、《西厢记》、《琵琶记》等为主，尚能演出的《荆钗记》还有9出。而这个《荆钗记》就是敷衍王十朋与钱玉莲"义夫节妇"的故事。此"梅溪"的后人演着、看着彼"梅溪"的戏文，也是冥冥之中自有天意。

胡卜村的移民搬迁，曾得到冯骥才先生的关注，许多记者、摄影爱好者包括本村的村民也都留下一些文字和影像。不过像余国静老师这样的完整叙事，应该是唯一的。透过黑白影像，我们看到胡卜村的昔日辉煌景象，看到那一座座台门里的生命演进，看到不同时代的变迁印记，更看到面临移民搬迁的各色人等的内心情感。有些注定消失了，有些注定还需继续。

据报道，胡卜村的卜曾公与原来的栖身之所乡主庙被置于两地，卜曾公被搬到新林乡的大坪头村安身，被继续供奉起来，而乡主庙、胡大宗祠、飞黄牌坊、清风台门、胡易尔台门等将在新昌的三丰村安置点和大坪头村安置点迁建，更大量的寻常建筑和寻常日子则被沉入水底。不知道卜曾公在大坪头村是暂且栖身还是"永久落户"，不知道移民至宁波北仑区小港街道的那部分胡卜村村民，是否还常有机会回到新迁建的祠堂祭祖，台门团聚，或者到大坪头村崇祀一下那位曾经"造福于民者"的新昌乡主。那些曾经节日里的大头戏、秧歌队、腰鼓队由于人如星散恐怕也再难聚拢而变为往事了。

移民搬迁注定有一个酸甜苦辣的故事，也注定是一段乡愁满满的记忆。胡卜村的移民搬迁也不例外。余国静老师的这本影集，以自己女性善感的视角为人们讲述了胡卜村移民搬迁过程中的酸甜苦辣，也为原胡卜村的村民留下一份浓浓的乡愁。始建于五代，延续了一千五百多年梅溪胡氏生命史的村落，就这样消沉于水底。村落不再，乡愁将何处安顿？如今，已经沉入钦寸水库水底的胡卜村在地图上还没有消失，在人们的记忆中也不会泯灭，余国静老师这本影集会告诉后人：在这个村落发生过这样的故事，还有这些故事里的人们。

张 刚

2018年6月10日于北京惠新北里

自序

  翻开这些影像，我不禁潸然泪下。胡卜村，我是从2013年开始接触和了解的。那年10月2日下午，我一进村，不禁被这个古朴的村庄所震撼，没想到离新昌县城这么近的地方，竟然有这么古老的村庄。整个村庄古建规整，古树群绿树成荫，梅溪河水潺潺地流过村口，一切显得那么自然、宁静、和谐。后来了解到，这样一个完整而古老的村庄，因为修建浙东钦寸水库的原因，很快要被整体拆迁了，村民也要被分别安置到浙江省的多个地方。心里不禁为这个村庄的即将消失而隐隐作痛，为这些即将搬迁的村民所做的巨大牺牲而由衷敬佩。于是，我决定以我有限的能力，把人类历史上曾经出现过的这么好的村庄记录下来，为村民留下他们在村里的影像。接下来的几年拍摄，才有了接下来将要呈现在您面前的这本拙作，请您随同我的镜头，一起再去游览一下这个古老的村庄。

  在这个村里的多次拍摄，历时几年至今都历历在目，现在整理出版这些影像的时候，这个村却躺在了钦寸水库的水底。那些熟悉的桑田，渐渐被水没过；那些熟悉的树木，渐渐被水没过；那些熟悉的房屋，渐渐被水没过，那些曾经给我提供凉茶和荫凉的善良村民，一个一个都离开了他们熟悉的村庄，现在村民们被分别安置在浙江的多个地区，也许他们中有些亲朋好友，再也没有见面的机会。胡卜村的村民们离开了胡卜，再也没有回来的机会。

  今天，将我所拍摄的部分影像，连同村民们的善良一起付梓，以示对村民的感谢和对永远消失的村庄——胡卜的纪念。

第一篇	胡卜村概况	1
第二篇	乡主庙和卜曾公墓	29
第三篇	胡大宗祠和璟公墓	41
第四篇	飞黄牌坊	63
第五篇	民居	76

清风堂	78
义教堂	98
义教堂后台门	122
四份头台门	129
胡林人台门	145
万兴头台门	160
俞家石台门	168
宝经堂	192

第六篇	搬迁	202
后记		223
致谢		225

第一篇

胡卜村概况

胡卜村位于浙江省新昌县新林乡境内,距新昌县城只有数公里。胡卜村村边有梅溪,源于大雾山陈公岭。村前蟠龙岗,相传为蟠龙伏虎之地,又名"展诰冈",村北七星峰,又名"双尖山",最高峰海拔617米,为新昌县新林乡与嵊州市金庭镇接壤的界山。

胡卜村古属新昌乡三十三都。清宣统二年(1910),属东区沃洲镇。民国二十一年,属第二区(大市聚镇)梅溪乡,民国二十三年(1934),属第二区四庄乡,编为第一、第二保。1949年5月新昌解放时,属北区四庄乡。1950年9月,属黄泽区胡卜乡,为乡政府所在地。1956年4月,胡卜、查林、龙皇堂三乡合并为新林乡。1958年9月,胡卜生产大队属大市聚人民公社,辖胡卜、梅坑、上祝、祝家庙等生产队。1961年,胡卜、竹岸生产大队合并为新林人民公社。1965年,胡卜生产大队改名为红星生产大队,1968年之后复名为胡卜。新林人民公社驻地于1966年迁到胡卜,1969年又迁回竹岸。1983年至今,属新林乡。

胡卜村是新昌县最早形成的村落之一,是旧时新昌乡的中心所在。新昌县于后梁开平二年(908)由剡县分出东部十三乡建立,其中有新昌乡。卜氏最早居住此地,有一位卜曾,北宋初年宦居兵马司,被新昌乡民奉为乡主,后人建新昌乡主庙崇祀。新昌乡主庙保存至今,见证着新昌乡悠久的历史,同时也见证着"新昌"县名的由来。

胡卜村是梅溪胡氏的发祥地和聚居地。五代吴越国时期,胡璟迁居梅溪之畔,自号"梅溪"。此后族姓繁衍,以"梅溪"为号,至今已繁衍四十二代,世称望族。胡卜村中有垂裕堂、敦裕堂、祥裕堂等7座胡氏宗祠,有2座俞氏宗祠,深厚的宗族传统文化浓缩在这些古老的建筑中。20多座古民居各具特色,有的精雕细琢,有的朴素大度。

胡卜村在古代新昌的水陆要道上。新昌县城到宁波古道经过村庄,新昌县东部山区到黄泽的竹排水路运输经过村西大溪口,商旅往来频繁,渐成集市。"胡卜市"在新昌东区很有影响,万历《新昌县志》已有记载,时全县只6个乡村市镇。

第一篇 胡卜村概况

胡 卜 村 图

（此图由胡邦成先生提供，特此鸣谢）

这里景色秀丽，是一块宜耕宜居的风水宝地。古人赞云："是地为剡东胜景，盘山耸秀，石鼓钟灵。岸上梅开数树，冰清玉洁；溪中泉出一泾，白浪清波。"根据周围秀丽的山川形胜，列出"胡卜村居八景"，美其名曰："鞍山钟秀、星峰叠翠、曹洲樵采、蟠龙列嶂、小溪渔唱、思源课诵、盘山钟鼓、顾东牧笛。"

追忆 **胡卜**
—— 一个江南乡村的纪实影像

这是从奉化方向往新昌方向的省道，这块路牌标识着胡卜与新昌的位置。现在这条路已经改道，这块路牌成了历史，不复存在。

追忆 **胡卜**
—— 一个江南乡村的纪实影像

8

第一篇
胡卜村概况

刚到胡卜西村口就有一排古树像一位长者伸开臂膀迎接你的到来。这是一群香樟树，由十几棵连成一排，它们像一排忠诚的卫士，守护着这个村庄。村民说，这是村里的风水树。

在古树的边上，一块浙江省政府立的"古树群保护碑"格外醒目。此碑是2003年浙江省政府做古树名木普查时所立。

↗ 每天到田里劳作的村民都会从树下经过，享受古树给村民的庇护，这正印证了那句古语"前人栽树，后人乘凉"。

↗ 大树和20世纪建造的工厂厂房。

紧挨着古树群，就是胡卜西村口的晒场，农忙时，是村民晾晒谷物的场地，农闲时，就是村民的娱乐场所，村里的重要娱乐活动都在这里举行。在晒场的边上，是一座20世纪60年代的房子，据村民介绍，这所房子修建于1967—1968年，是集体所建。当时这座房子是村里的大会堂，后来村民们在生产时节，又在这所房子里养蚕，养蚕曾经是这个村的主要产业，所以村里人管这座房子叫"蚕舍"。随着时间的流逝，这座房子还是"会议室""戏场"……2013年，当时这座房子是"农机厂"，是胡卜村的村民租用的厂房。

↗ 胡卜村是个大村，人口较多，周围的手艺人都喜欢到这做点小生意。这是清晨一个篾匠在村口为村民补竹席。

胡卜大街是胡卜市所在地。胡卜市，自古有名，在新昌东区很有影响，万历《新昌县志·市镇》记载"胡卜市"。时全县只有6个乡村集市。民国七年（1918）《新昌县志》记载："胡卜市，县东三十里，今重兴，以二、五、八为期。"胡卜大街东西延伸，长300米，宽3米，两旁店铺有单檐、两层多种。有布店、染店、杂货店、肉店、酒店、豆腐店、糕饼店（同昌）、茶食店、点心店、药店（景春堂）。最兴旺时期，有三爿肉店，五爿豆腐店。1923年，盗匪来到胡卜抢劫商铺，损失惨重。1934年，胡梅盛在村中设立邮政代办所，当时全县只有五六个，在新昌县出东门至沙溪一带，胡卜村的代办所最早。1942年7月，日军约三百人占领新昌县城，其中十多人在曹州桥头墩头庵设立据点，集市逐渐衰落。胡卜大街建筑保持着旧时布局，部分店铺保留木质传统柜台、木排门，为全县保存较好的古街铺之一。

沿着村西口经过一个门廊，就来到胡卜村最热闹的地方——胡卜大街。这条街是古时候的官道，是到宁波的必经之路。街道两边店铺林立，聚集了南来北往的商品。宗祠、乡主庙、飞黄牌坊、医疗室、理发店等也都在这条街上。

　　1949年以前胡卜村卫生室已存在，1960年再次设立。1951年10月，黄泽西医联合诊所成立，在胡卜万兴头街面屋、大明市等地设分诊所。1958年，景春堂并入。1960年，胡卜大队医疗室建立。1969年，胡卜合作医疗创办，免费小包扎。新林乡卫生院在乡主庙后建造房屋。

　　1960年设立的村卫生室有农民卫生员两人，一人坐守，一人巡诊。原来是卫生员一男一女，后来为两位男卫生员，持续多年。村里同时还有乡的中心卫生院。后来卫生院被承包出去，成为私营卫生室。吴德云1997年开始接手胡卜村卫生室，主要服务对象除了胡卜村村民，还包括胡卜周围的秀溪村、梅坑村、曹州村等约三千名村民。2013年，吴德云进入事业单位，到附近的卫生院工作，目前在小将镇卫生院当院长。这张照片是最后整理胡卜村卫生室时留下的。

追忆 胡卜
——一个江南乡村的纪实影像

↗ 古朴的门面、不同时代的标语和现代公司的招牌并存，向每个经过这里的人展示其悠久的历史。

曾经拥挤的理发店现在有些冷清，一天也没有几个人来理发，但是老板还是把炉子点着，每个水壶灌满热水，他说，几十年都这样，习惯了。

追忆 **胡卜**
——一个江南乡村的纪实影像

22

斑驳的老门板上贴着动员迁移的标语,这也许是它完成的最后一项任务。

曾经熙熙攘攘的大街，现在只剩下来回搬运东西的小货车。胡卜人心中的大街，在货车面前显得那么狭窄。这个醒目的"南货"店曾经的主人叫胡梅亭，当时主要销售糕点，紧挨着它的是豆腐店。

追忆 胡卜
—— 一个江南乡村的纪实影像　24

这是快要到街东边的尽头回头看的景象，门口的谷仓和床提示着我们应该再回头看看。

村民饮用、洗涤用水大都取自该水井。民国《新昌县志》有记载的水井共3口,即:"双井,县东三十里胡卜村中;上井,县东三十里胡卜村飞黄坊上;下井,县东胡卜村左司谏坊后。"双井最为有名,挖掘年代最早,井圈圆筒状,井壁用鹅卵石整齐砌筑,井台经过后期水泥抹面,基础仍旧是原来的三合土。这就是当地有名的双井。胡卜村共有井15口。

追忆 胡卜
—— 一个江南乡村的纪实影像

↗ 到胡卜村，无论走到哪里，细心的人都可以发现这个村有很多古井。这些井圈被打水的吊绳磨出一道道月亮一样的形状，摸上去非常光滑。

　　古老传统的挖井取水方式，延续到20世纪80年代。1986年，在马鞍岭山峰下15米处建造自来水塔，高5.5米，直径6米，蓄水98立方米。在村东南三眼塘建造自来水站，提水上塔，早晚各供一次，水管接通到各户，当时新昌第四毛纺厂资助7.79万元，每户出资20元。1998年，从村前山头崖口引水至自来水塔，每天放水一次，用水更为方便。

走出大街，来到村的东边，这里有稻田和小溪，水很清，可以看见小鱼，虽然现在有自来水了，但是村民们仍然习惯在小溪里洗洗涮涮。

追忆 胡卜
—— 一个江南乡村的纪实影像

28

↗ 在村的东边路口回望村庄,她被掩映在一片翠绿之中。

新昌鄉主廟

梅溪一帶憶鈞浮

梓里千年霑惠澤

第二篇

鄉主廟和卜曾公墓

新昌乡主庙崇祀新昌乡主卜曾公。据传原在香樟树脚,道光年间,按都起捐,徙其基,辟其址。同治年间,复议起捐,增置产业。光绪十三年(1887),胡景崧等倡议重建。民国初期,前厅庙会时不慎失火,以胡葆良等人为首来修复。东侧屋为观音堂。1949年以后,庙会停止,庙宇改为乡政府办公用房,又改为农机厂厂房。1994年10月,胡伯钧等人倡议筹募资金修复乡主庙,重塑卜曾公像。翌年,大殿三间修葺一新,举行开光仪式。2002年7月,被新昌县文物管理委员会公布为文物保护点。

　　新昌县尚未建立的时候,新昌乡在"剡县"的版图上已有位置;新昌县建立以后,新昌乡在新昌县境内长期存在,即今新林乡、大市聚镇一带。

　　"凡造福于民者,民必立庙以祀之。"乡民感念卜曾公的德泽,尊崇他为新昌乡主,建造乡主庙供奉他的神像。农历正月十三是卜曾公的寿诞,人们缅怀先祖,逐渐形成乡主庙会。届时,庙内张灯结彩,香火缭绕,新昌乡所属十二庄村民纷至沓来,旗帜林立,锣鼓喧天,莲子行等乡间戏班也赶来表演。

　　新昌乡主庙承载着卜曾公的言行和善德,人们崇拜信仰,奉若神明。乡主庙还见证着新昌乡、新昌县名字的由来及其乡县悠久的历史。

　　现存庙宇为清光绪年间重建。庙内有光绪年间立的《新昌乡捐碑》和《胡卜庄捐碑》。2002年7月,新昌县文物管理委员会公布新昌乡主庙为文物保护点,"赐福黎民""德庇桑梓""惩恶扬善"等匾额题联陆续镌刻张挂起来。胡卜村人悉心保护着乡主庙的大殿、厢房、前厅,前厅柱上有联曰:"梓里千年露惠泽,梅溪一带忆钓游。"大殿柱上有联曰:"善欲人见不是真善,恶恐世知即为大恶。"这些对联高高地挂着,被人们无数遍诵读。卜曾公年年岁岁接受乡民虔诚的朝拜,关于真善和大恶的谆谆教诲依然久久回响。

第二篇
乡主庙和卜曾公墓 | 31

↗ 从村西口进入胡卜大街,一个不太起眼的门就是乡主庙的大门,庙里供奉的是卜曾公。

透过乡主庙的前厅门看乡主庙。

乡主庙大门上张贴着有关拆迁的通知，这个地方是村民来得比较多的地方。

↗ 乡主庙在胡卜有多重功用,村里的各种公告都张贴在这里。

乡主庙的庙主和门廊厅顶部的雕刻。

要搬迁了，村民到乡主庙烧一炷香，告知村里的神灵。

第二篇
乡主庙和卜曾公墓 | 37

↗ 燃放蜡烛的地方，虽然每天都有人清理，但每天又会有新的蜡烛被点燃。

追忆 胡卜
—— 一个江南乡村的纪实影像

↗ 1995年秋，新昌乡主庙举行开光仪式，卜曾公墓也得到重修，墓碑写有"宋兵马司新昌乡主卜曾公之墓"。此后每年正月十三举行庙会，庙会也成为乡民喜闻乐见的传统文化大荟萃、乡主教诲乡民的社会大课堂。2006年，"胡卜乡主庙会"作为传统民俗列入新昌县第一批非物质文化遗产名录。

除了乡主庙，在胡卜村还保存有大帝庙。这个不起眼的小房子正是大帝庙，位于村西操场的北边，供奉着真武大帝。

追忆 **胡卜**
—— 一个江南乡村的纪实影像

↗ 大帝庙庙内除了真武大帝，另有一俞姓菩萨，村里人相传对眼疾医治效果良好。

第三篇 胡大宗祠和璟公墓

胡卜村中有胡氏宗祠7座，俞氏建有外俞家祠、继昌祠2座。从胡卜村迁到外地的胡氏有小宗祠6座。宗祠为一族的议事中心，为各族子孙祭祖之地，有祀产、祀田。土地改革时，胡卜村的宗祠多改为集体队屋，现大都闲置或倒塌，只有垂裕堂保存相对完好。

　　垂裕堂即胡大宗祠，祀梅溪胡氏第一世祖璟。立祠之初，在大庙之左侧，明时倾颓，迁于宅左。康熙五十五年（1716）遭祝融之灾，五十七年（1718）捐竖正寝二楹，东西两厢。乾隆十六年（1751）又遭祝融之灾，十八年（1753）鸠工庀材，后经努力建成。胡氏二十九世孙金柱撰《垂裕堂记》，三十一世孙大虞撰《复垂裕堂祀山序》。民国十二年（1923），宗祠毁于匪，二十七年（1938），祠宇三进计十九栋六弄建成，胡林人撰《重建大宗祠垂裕堂记》。三十五年（1946）奉主入龛。胡大宗祠曾经兼作校舍。1995年新林乡中心小学建造新教学楼，拆除胡大宗祠享厅。现存祠宇照壁、前厅、正厅。前厅、正厅之间有东、西厢楼，占地19.49米×26.35米，建筑面积572平方米。门楼仿西洋形式，砖砌通柱，发券式大门，梁架为传统形式，面阔三间，带两侧颊屋，进深六檩，梁架为五架梁带后单步用三柱，用材粗壮，雕刻规整精细。正厅进深九檩，抬梁屋架，明间为五架梁前后双步轩用四柱，次间加分心柱，用材讲究，制度严谨；梁架结点以及檐下、轩架处布满雕刻，有动物、花草、戏剧人物，雕艺精湛；厢楼东西各三间，简洁大方。

第三篇
胡大宗祠和璟公墓

在宗祠的正门上，还留有油漆写的"新林乡中心小学"的痕迹，两边是"忠孝江南望族，理学天下名家"的对联，这副对联是对胡卜胡氏的总结，也是对他们的褒奖。现在门口不同材质的路，呈现了不同时代的不同价值观。

追忆 **胡卜**
—— 一个江南乡村的纪实影像

　　宗祠虽然与现代的学校完全不同，但是在精神内涵方面，却也有异曲同工之妙。几十年来，宗祠一直兼做校舍，一进宗祠的大门，首先映入眼帘的就是醒目的"爱国、文明、勤学、健身"校训。这里的小学为高一级学校输送优秀学生，其获得的荣誉有：1996年1月，新昌县管理规范化学校；1996年度、1998年度、2000年度新昌县教育系统先进集体；1997年3月，新昌县行为规范达标学校；1999年8月，绍兴市文明学校；2004年12月，新昌县示范家长学校；2006年2月，平安校园；2006年7月，新昌县文明单位；2006年12月，绍兴市示范家长学校。

挂在门口的几块牌子,展示了宗祠曾经的辉煌。

追忆 **胡卜**
—— 一个江南乡村的纪实影像

第三篇
胡大宗祠和璟公墓 47

站在宗祠的大厅正面，从房顶上方可以看见"新昌新林中心小学"几个大字，似乎是目前农村的两种教化形式。

胡大宗祠于1938年冬重建后，小学搬到宗祠里。1942年下半年，新昌县第二学区四庄乡第一二联保胡卜国民学校增设高级部，五年级一班，学生约十名。抗战时期，校舍不定。此时，第十一、十二保曹州秀溪被敌人占据，四庄乡中心学校原设新庙及校具装备被敌捣毁无余，亦附设于胡卜国民学校内。1944年2月，盘山寺僧和梅溪胡氏、查林梁氏议决拨出盘山寺田58亩和山三十余亩为校产，组建基金保管委员会，校名改为四庄乡盘山中心学校，借址胡大宗祠，胡林人任校长。《新昌县四庄乡盘山中心学校移交清单》记载，时校产有：黑板1块，双人课桌20张，铁灯碗两个等。1945年4月，陈毓芳接任校长，时学生百余名。1946年至1947年，四庄乡盘山代用中心国民学校校长唐成笙。1948年，胡柏青任校长。

追忆 胡卜
—— 一个江南乡村的纪实影像

1949年9月,人民政府接管学校,改为公办学校,称四庄乡代用中心小学。1950年改名为四庄乡胡卜小学,1958年改名为新林胡卜完全小学。1989年有6个班,学生254人,教职工11人(其中代课1人)。2009年,有教师14人,其中大专学历10人,小学高级教师8人。有6个教学班,1个学前班,学生共130人。1949年以后历任校长为:胡柏青、吕才梁、俞益生、石玉舟、石奇璋、许人乔、刘昌来、吴生校、章志明、吕肇达、丁兴生、胡福贤、俞百和、王怀灿、潘梦淳、梁秀凡、朱正浩。

这是从宗祠大厅的里面,往前厅方向看的景象。

↗ 宗祠天井左边的厢房。

宗祠天井右边的厢房。

大宗祠在不同的时代承载着不同的功用。同治至光绪年间，胡明兰在德裕祠创办养蒙初级小学，以身为长者五年，所费悉取于己。1912年，胡声原命长子胡浩然创办星峰两等小学（初名为启蒙），借址胡大宗祠。胡浩然任校长兼教师七年。学生成绩优秀者考入省府中学，如胡林人考入省立第一中学，胡绍魁考入浙江宗文中学，胡兆祥于1917年上海沪江大学毕业，为胡卜村第一位大学生。后来，胡贤宾、胡明浚、胡燮壬、胡约生、胡秋熙等人先后任校长。

多年以来，胡卜人在宗祠里的村校接受启蒙教育，再进入高等学校深造，到外地工作，1949—2004年，全村有大学生毕业生135名，其中博士生3名，研究生6名。有教授4名，副教授（主任）5名。

这是从新学校门口看宗祠的模样，当时为了建新小学，拆了宗祠享厅，现在看见的是正厅的后墙。

廊檐上雕刻着精美图案，大部分雕刻内容为戏曲故事，以劝人为善的居多。精美的人物头像，在"文化大革命"中遭破坏。

原来的白鹤庙被拆除了，白鹤庙天井的位置改成现在房屋的样式，用于学校用房。白鹤庙在胡卜被称"老庙"，20世纪60年代国家资源紧张的时候，白鹤庙曾经是胡卜人炼制糖的地方。如今改建的房屋也成了危房，房屋走廊的石柱是白鹤庙的留存，如今依稀可以看见柱子上有石刻的楹联。

追忆 胡卜
—— 一个江南乡村的纪实影像

新林乡中心小学于1995年新建教学楼，1996年3月竣工，占地两千平方米，有12个教室和3个办公室，建筑面积2364平方米。学校设有计算机室、实验室、图书室、活动室、少先队室等教学活动场所，还有一个篮球场。当时为了建校拆除了胡大宗祠享厅，一起拆除的还有白鹤庙以及边上的一座不知名的小庵。

正厅上的牛腿。

↗ 正厅上的牛腿。

两边厢房上的雕刻。

两边厢房上
的雕刻。

宗祠两边厢房上的牛腿雕刻细部。

追忆 胡卜
—— 一个江南乡村的纪实影像

梅溪胡氏始祖璟公，仕至吴越国行军司马兼尚书事，他很明白古人所说"知足不辱，知止不殆"的道理，眼看自己荣宠既盛，年已高迈，就离开了朝廷，"游于新昌乡七星峰之麓，遂卜居焉"。胡璟公在溪边植梅十里，自号"梅溪"，踏雪咏诗，卒后安葬在七星峰下武曲之原，他在七星峰下开辟的一个家园，因名"梅溪"，他的后裔因号"梅溪胡氏"。一代代梅溪胡氏固守着这个家园，在村中建了崇祀始祖的胡大宗祠，其堂名"垂裕"，意谓"祖之积德累仁垂裕无涯，世世子孙当守祖宗之垂裕于勿替"。

第四篇 飞黄牌坊

牌坊为旧的旌表性建筑，新昌县境内保存至今的牌坊为数不多，一是在双彩乡下宅村的"都宪坊"，为纪念恭惠公杨信民而建，另一是在镜岭镇岩泉村的"冲霄坊"，为纪念清官甄完而建，再一就是在胡卜村中的"飞黄坊"，为纪念胡鈇而建。前两座形制朴素，相比之下，飞黄坊显得精美华丽。

飞黄坊所旌表的胡鈇，为梅溪胡氏家族第二十二世，弱冠补博士弟子员，在明弘治二年（1489）乡试中魁。此后却是"终老名山，不仕朝班，优游梅溪"。胡鈇中举未仕而以隐逸终老，显然与"飞黄腾达"无关，但飞黄坊矗立在胡卜村中心，却成为梅溪胡氏家族的一个骄傲，激励着一代代后昆。

飞黄坊下有两对石元宝，村民闲了就来此坐坐，聊些与"飞黄"有关的故事。民国时期，胡卜人胡成章撰写了《飞黄坊、左司谏坊二古迹合考》，阐述了飞黄的理义，寄托了对前辈的尊崇与怀念。1999年11月，新昌县人民政府公布"飞黄木牌坊、胡大宗祠"为县文物保护单位，2000年，胡鈇直系后裔胡伯钧等人筹募资金，整修牌坊顶脊，恢复匾额，成为古村的一个标志。

飞黄坊和胡大宗祠不管遭遇怎样的天灾人祸，都会重新建造起来，因为这些古老的建筑寄托家族的美好愿望，凝聚族人的血缘亲情，也展示梅溪胡氏家族的荣耀。

第四篇
飞黄牌坊

飞黄坊耸立在耢耙弄和长街的交叉口，形似"卉"字，挑檐斗拱，精雕细琢。据宗谱记载，牌坊额中原有"己酉科"三字，左"举人"二字，右"胡鈇"二字，中层长方额书"飞黄"二大字，左有"钦命进士第中顺大夫国子祭酒前提督浙江全省学政郑纪书"，右有"新昌知县程傅、县丞汪琦同立"等款字。飞黄坊在清嘉庆年间曾作维修，在"文化大革命"初期，则和全县的牌坊一样遭到破坏。1999年，新昌县人民政府公布为县文物保护单位。2000年，在新昌县文物管理委员会办公室的支持和胡鈇直系后裔胡伯钧等的筹募下，整修牌坊顶脊，恢复匾额。

追忆 胡卜
—— 一个江南乡村的纪实影像

按照胡卜人推算，2011年是他们胡鈊中魁522年，村里人在2011年举行胡氏圆谱庆典时，这里被挂上了横幅。笔者去拍摄的时候是2013年，这条横幅一直在那里悬挂着。

牌坊脚下，村民用废旧的盆种点花草，给牌坊"绿化"一下。

追忆 胡卜
—— 一个江南乡村的纪实影像

"飞黄"坊下有四只石元宝,老老少少路过这里时都喜欢坐坐,石元宝因此变得光滑温厚又非常宜人。冬日,夏天,这里都是最好的坐堂,坐在这里有一些财富与才智的话题,也有东家长、西家短的闲聊。在这些茶余饭后的谈资里,人们或多或少会悟出一些做人的道理。

元宝是一种财富的象征,与"飞黄"的过人之才辉映,所以,坐在石元宝上,就是美滋滋地坐拥着先祖馈赠的一种物质的或者精神的财富。别人家的金元宝、银元宝,无论如何都比不上自家的石元宝!

第四篇
飞黄牌坊

坐在大街商店的门口，就可以和在牌坊下乘凉的村民一起聊天，既照顾了商店，也可以谈论天下事，这个地方成了胡卜村的信息中心。

追忆 胡卜
—— 一个江南乡村的纪实影像

新昌江上游于20世纪70年代建造长诏水库，受当时条件的限制，长诏水库淹没区历史文化遗产的保护未引起重视，成为一大遗憾。40多年后，钦寸水库的建设在进行之中，水库淹没区历史文化遗产的保护已引起有关部门的重视。新昌县档案局早在2007年初，就开始对库区内18个行政村的历史文化进行调查，收集了山水、村落、宗族、人文胜迹、经济发展等方面的资料，整理编纂成《钦寸水库库区历史文化志》，于2010出版。查林村、胡卜村是库区最大的两个村庄，集中了最为丰盛的历史文化遗产。

2000年，在新昌县文物管理委员会办公室的支持和胡氏后代的努力下，重修了牌坊，上面的小狮子虽然质朴，却不失精神。

一杯茶,一条狗,几位谈得来的老邻居坐在牌坊下话家常,好惬意的生活。

徐国均，胡卜村里为数不多的几户不是胡姓的居民，娶了胡家的女儿为妻。胡卜将要搬迁，特地叫我给他在牌坊这里拍一张照片以作纪念。拍照的时候是正午时间，我说："晚点再来拍吧。"他说："晚点没有时间，打麻将来不及了。"在后来的拆迁安置中被安置到附近的大市镇坑（胡卜人读：kang）西村。2017年底搬迁到新居，于2018年4月去世。

追忆 **胡卜**
—— 一个江南乡村的纪实影像

周围的居民都知道这里将要搬迁，特地拿来道具在村里拍照以作纪念。

第四篇
飞黄牌坊

胡贤章，附近大坪头村人，祖上是由胡卜村迁到大坪头的。胡卜要拆迁了，2014年夏天的早上特地带着孙子胡瀚文来村里走走，参观胡家人的发源地。胡瀚文2009年出生在杭州临安，对村落兴趣不及对这面鼓大，爷爷倒也乐于陪孙子在这里玩鼓。

第五篇

民居

胡卜村民居至1949年前后，集中在东至黄家桥头，西至乡主庙一带。民居的分布体现了家族血缘关系。梅溪胡氏前宅派聚居在村南与村西，如下街头、源昌头、清风堂；里宅派聚居在里半村，如上坎头台门、四份头台门、石兆湾；中宅派聚居在村北山脚台门一带；俞氏聚居在村东南；冯氏聚居在大园。

　　民国时期，民居中有"四个头"，即源昌头、四份头、上坎头、万兴头，为富家大户的房屋。这些大户人家影响着一村一族的行政权利、经济实力和教育公共事业。清代至民国时期建造的台门二十座，四合院或三合院，两层楼，五间面或三间面，砖木结构，灰瓦屋面，三合土地面，青石阶沿，天井卵石铺地，保存至今。《胡卜村农户建房四邻认可制度》于1983年订立并开始实施。村民新房大都建在村周围，以两三层楼为主，水泥砖混结构，村庄向东西扩展。钦寸水库规划淹没区于2003年10月开展调查以后，村民不得再建新房，维持原有格局。此时，村中有128户已到县城购买房子。2008年，村庄面积115 764平方米（折173.65亩）。

清风堂

　　清风堂在胡卜村大宗祠后、九曲巷里。在清风堂创建者胡声昌（1817—1875）所处年代，"走马楼"是当时较为流行的宅第建筑风格：两层四合院砖木结构，门楼三间，南面底层明间设门，开八字墙，砖雕门饰。北面正楼三间两层，底层明间为厅，次间设槛窗，前设双步廊。小瓦屋面，周圈风火墙。三合土地面，青石阶沿，天井卵石铺地。

　　清风堂里一位17岁时嫁到这里的老奶奶，名叫潘金花，九十多岁了，亲眼看着几代孩子的成长。她说，清风堂里的人个个有出息，最好的要数胡天斗，是个物理学家，在中国科学院高能物理研究所里当博士生导师呢！

　　清风堂以其建筑精美著称，在新昌县文物管理委员会、浙江省文物考古研究所编的《新昌钦寸水库规划区文物保护评估报告》中，属于整体搬迁的保护对象。清风堂不知会搬迁到哪里去，堂里人们日常所用的橱、柜、桌，还有千工床、太师椅，这些精雕细琢之物，有时光磨洗的痕迹，有亲人抚摸的温存，现早已被各自的主人珍藏于新房之中了。

第五篇
民居

清风堂木雕精美,砖雕更是与众不同。整座建筑凝聚了数位匠人心血,展示了他们精湛的技艺,同时也耗费了主人心血和汗水。他们共同建造起了这座美宅的梁柱,庇护着每一位在清风堂里出生、长大或者生活的人。

这种砖雕作为门头,在中国的江南是很常见的。清风堂这些砖雕经历了百年,现在被安放在何处,我们如同大多数胡卜人一样,无从知晓。

前厅门楣上的"梅水生香"与"星峰毓秀"石刻匾额。

在清风堂八字开大门的两旁,看样子本来也有一副对联才对,原来对联上的字已看不见。在那段特殊的时期主人将其改写成"听毛主席话,跟共产党走"。

这副"居家第一读书声，处事无双让路法"的对联和其他几副对联一样，是砖雕制作烧制而成，在特殊时期用石灰涂上，经过处理后露出本来的面目。

居家第一讀書聲

追忆 **胡卜**
——一个江南乡村的纪实影像

在清风堂里长大的孩子最早就是通过对联来识字:"居家第一读书声,处世无双让路法。""敏于事而慎于言,持其志无暴其气。"子孙们早出晚归经过天

井，目光总会在柱上停留片刻。耳濡目染，潜移默化，这些理念感化着每一位清风堂的子孙。一个人能坚守这样的信念和情操，为人处世，成家立业，不难矣！

追忆 胡卜
—— 一个江南乡村的纪实影像

  这是一个木头和其他材质混合结构的建筑,样式朴实规整。站在走马楼的二楼看一楼的天井,仿佛依稀听见这家孩子传来的琅琅读书声。走马楼是回字形的结构,这边可以直接走到对面的房子里。

第五篇
民居 | 87

　　拱形的门，砖雕门头和对联，加上镂空雕的"福禄寿喜"分布在房屋四面主要墙壁上，一幢完整的中国江南古典庭院就展现在世人的面前。虽然面临拆迁，现在有些破旧，但仍然整洁明亮，随时恭候准备归来的游子，可以安放他们的心灵和灵魂。

↗ 门廊最主要的柱子上雕刻的装饰都是书的图案，可见造这座房屋的主人对读书的期望之高。

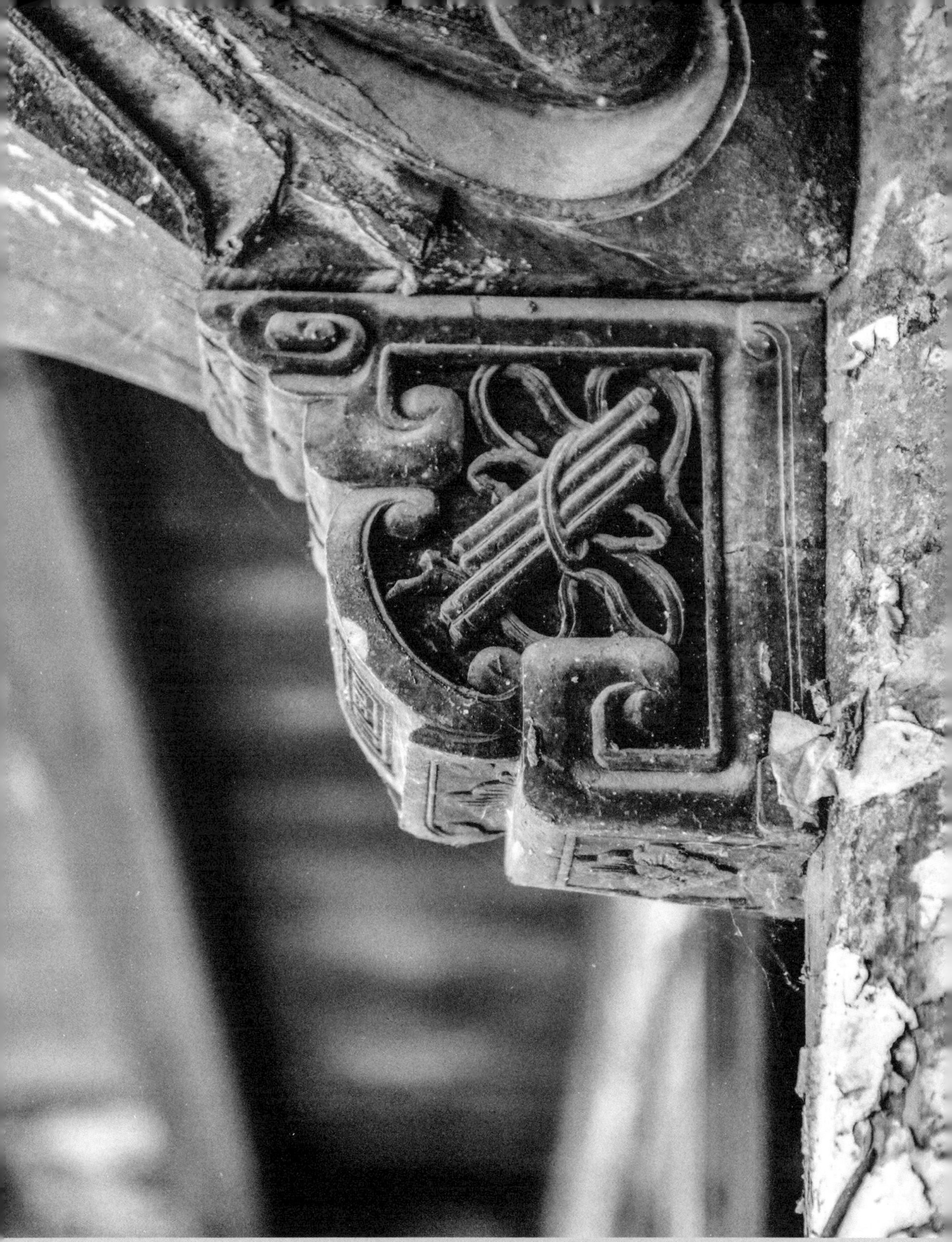

↗ 这是从门厅的另外一面拍摄的，是笔者最后一次见到清风堂的样子。

干净的走廊,承载着主人的梦想,站在走廊的一头,仿佛看见一两个追逐嬉笑的孩童。

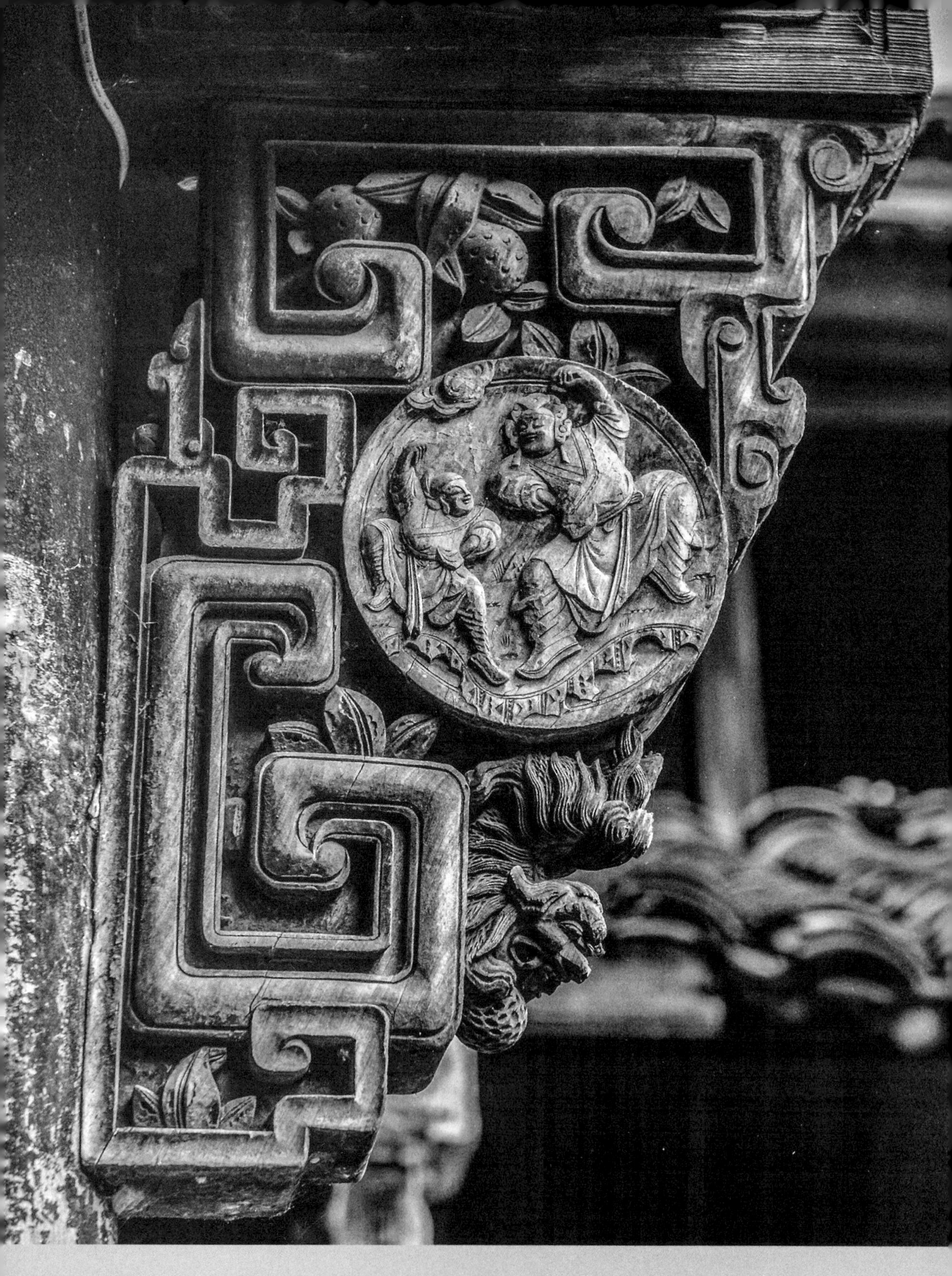

走廊上的牛角所雕刻的戏曲人物故事形象生动，当被问及是如何保存下来的时候，带笔者参观的村民说："用泥巴糊上。"历经岁月，依旧栩栩如生。

月明华屋，日耀园中，清风堂里时有清风送爽，"居家第一"的读书声传得很远。胡声昌的两个儿子都学有所成。长子胡远鉴，字奉璋，号宜卿，求学鼓山书院，为邑庠生；次子胡远信，字奉良，为国学生。孙子胡贤高在光绪十七年（1891）辛卯科乡试为房备生。此后，读书声带来的报单贴满中堂。人们都说，村中留下报单痕迹最多的地方在清风堂。

清风堂

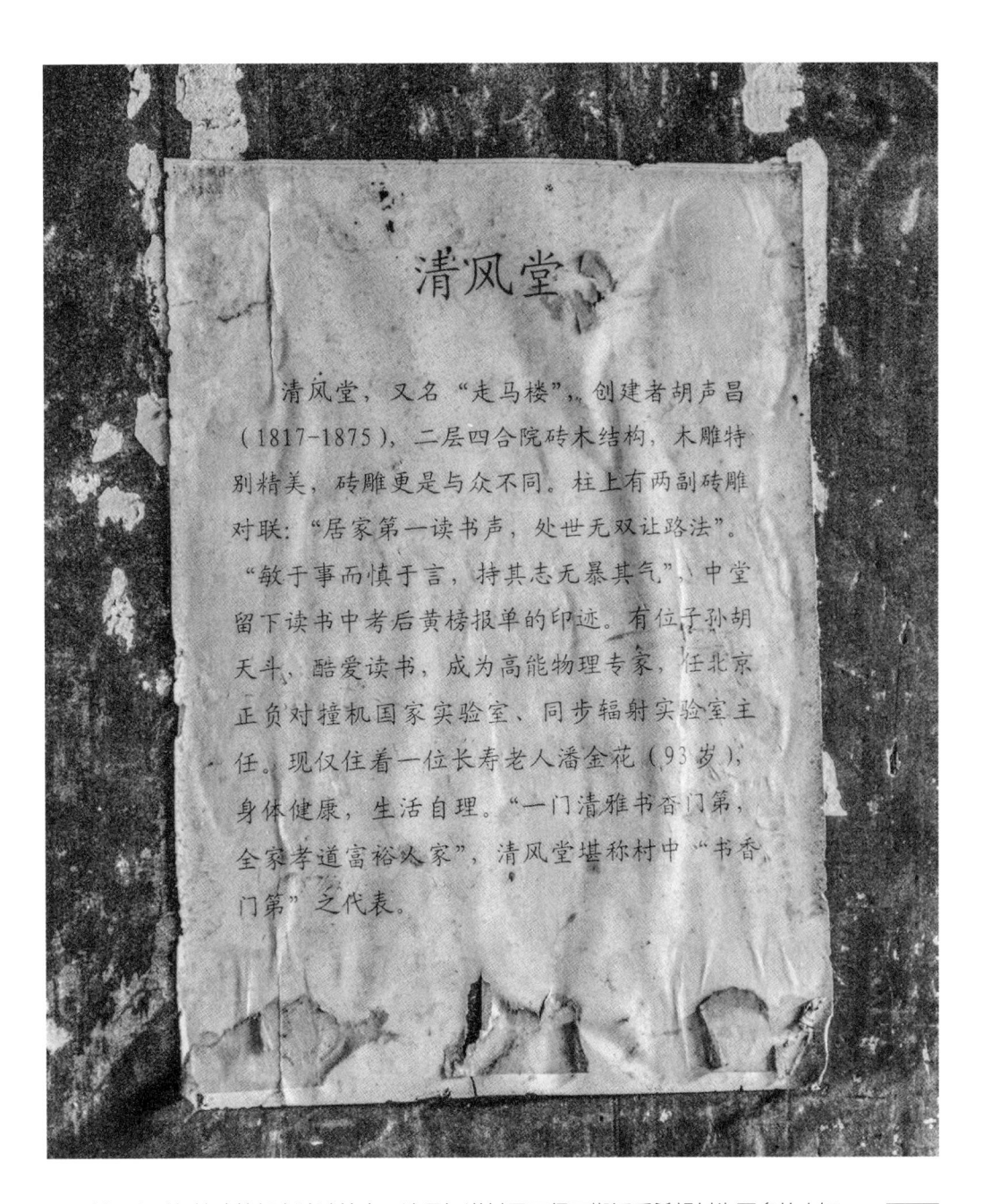

清风堂,又名"走马楼",创建者胡声昌(1817—1875),二层四合院砖木结构,木雕特别精美,砖雕更是与众不同。柱上有两副砖雕对联:"居家第一读书声,处世无双让路法"。"敏于事而慎于言,持其志无暴其气"。中堂留下读书中考后黄榜报单的印迹。有位子孙胡天斗,酷爱读书,成为高能物理专家,任北京正负对撞机国家实验室、同步辐射实验室主任。现仅住着一位长寿老人潘金花(93岁),身体健康,生活自理。"一门清雅书香门第,全家孝道富裕人家",清风堂堪称村中"书香门第"之代表。

村里人对每幢建筑都有浓浓情意,这是知道村里不得不搬迁后希望村为更多的人知道,在全县举行摄影比赛时留下的建筑介绍。

追忆 胡卜
—— 一个江南乡村的纪实影像

↗ 这张牛角是我最后一次到清风堂拍到的,相隔两年,历经沧桑的牛角始终面带微笑。

2015年拍摄最后一天,我再次拍了一张清风堂的照片。虽然依旧屹立在那里,但是满院子的杂草,犹如老者显出了倦容。不久,这座老屋也许可以被整体安置到某地方,但到我离开的时间,胡卜人自己也不清楚这座房子是被搬迁,还是被拆迁。如果整体搬迁的话,又将搬迁到哪里?

义 教 堂

　　义教堂又叫上坎头台门，大台门三进，正屋七间，侧屋十二间，总计三十六间。在村中占一席之地，朴实无华，却雍容大度，义教堂分前、后两个台门。

　　义教堂的缔造者，是梅溪胡氏第三十三世祖胡声全（1773—1845），字述钊。胡声全有三个儿子：远闻、远见、远智。子孙们听闻祖先开创的家业，勤读书，务耕耘，各自成家立业。

　　义教堂因"其先世多以义行著"而名，胡声全的后代则因在教育和医药方面的出色而为村民所知。

　　胡声全的子孙辈在耢耙巷创办一家药店，因有姻亲嵊县人张阿耀创办的瑞芝阳春绍戏班常在他家排演戏文，取名"瑞芝堂"。胡声全的曾孙胡馥园"闻嵊县有丁益甫先生儒而精于医术者也，乃往师之"，学成之后，接手经营"瑞芝堂"，把店屋搬迁到飞黄坊边的街面，改名"景春堂"。胡馥园儿子胡葆生又办过"翠芝堂"药店，最后归并到景春堂。"景春堂"有一块金字堂匾，和大市聚景生堂、儒岙益寿堂、黄泽怀德堂、大明市卫康斋等县内各大药店同行保持联系。景春堂诚信经营，名气传播开来，胡卜村附近一带村民赶来看病取药。后来，胡馥园孙子胡梅盛继承景春堂的医业，直到1958年改造为新林卫生院。胡梅盛成为新林卫生院一位名医，他的儿子胡柏喜则成为一位药剂师。

　　胡馥园从医之余，"创设养蒙初级小学，以启迪后进，而以身为长者五年,所费悉取于己"。胡梅盛从医之余,又任胡卜小学校董五年,在1944年动员胡氏、梁氏两大家族把所属的盘山寺寺产拨充入四庄乡盘山中心学校,组建基金保管委员会,为振兴乡村教育东奔西走。

20世纪六七十年代,义教堂已传递到胡声全的七八代子孙,最多时居住着上百口人,共享天伦之乐。

到改革开放初期,后裔各自分得一间祖屋,大都外出创业了,于是,义教堂里走出几位全县乃至全国闻名的化工制药行业的企业家。21世纪初,义教堂的大台门里只剩下三四位老人,他们舍不得老屋闲着,也不习惯和子女们一起住城里的新房,成为厅堂最后的守望者。

追忆 胡卜
—— 一个江南乡村的纪实影像

↗ 经过了二百来年的风风雨雨，养育了那么多胡声全的后代，义教堂显得古老陈旧，好像是到了慈祥平和的晚年，晚霞映出她曾经儿孙满堂的世俗的柔柔的幸福。她不会再有什么筑漏修补，更不会被推翻重建。这种姿态一直保持下去，直到梅溪水涨高，高过义教堂的屋顶；这种幸福会久久地绾系着从义教堂大家庭走出去的每一位子孙。

在义教堂正厅的二楼，正面重要位置安放着观世音菩萨，有香火供奉着。

追忆 **胡卜**
——一个江南乡村的纪实影像

正厅的二楼，安放着各房已故先人的灵位，每到一年中重要的日子，比如清明、冬至等日子，村民会来祭拜。

胡卜村人都很重视读书,很多间老屋厅的墙板上都贴有这种报单。这个几乎和板融合到一起的报单,仔细辨认可以看见"喜报 新昌知新完全小学毕业蒙发证给凭注册刊入一学期考试文官"字样。

厅的右面墙上，贴有几幅年画。从上面一层一层反复贴过的痕迹和褪色程度来看，年代已经久远。这一幅《滑稽娃娃——小放牛》的年画依稀可见。"小放牛"在全国各地有不同版本，人所看中的是当年放牛人的坚强不屈、百折不挠的精神品质。

牛女

胡志龙的房间,他是目前居住在这里辈分较长的长辈了。

在胡卜村，很多人家都会在门口放置几张凳子，随时等着来访者前来休息。村民很多都连带着亲戚关系，祖祖辈辈都生于此，长于此，他们和睦相处，彼此都很放心，他们出门了，很少有家庭是把门上锁的，大多数门都虚掩着。

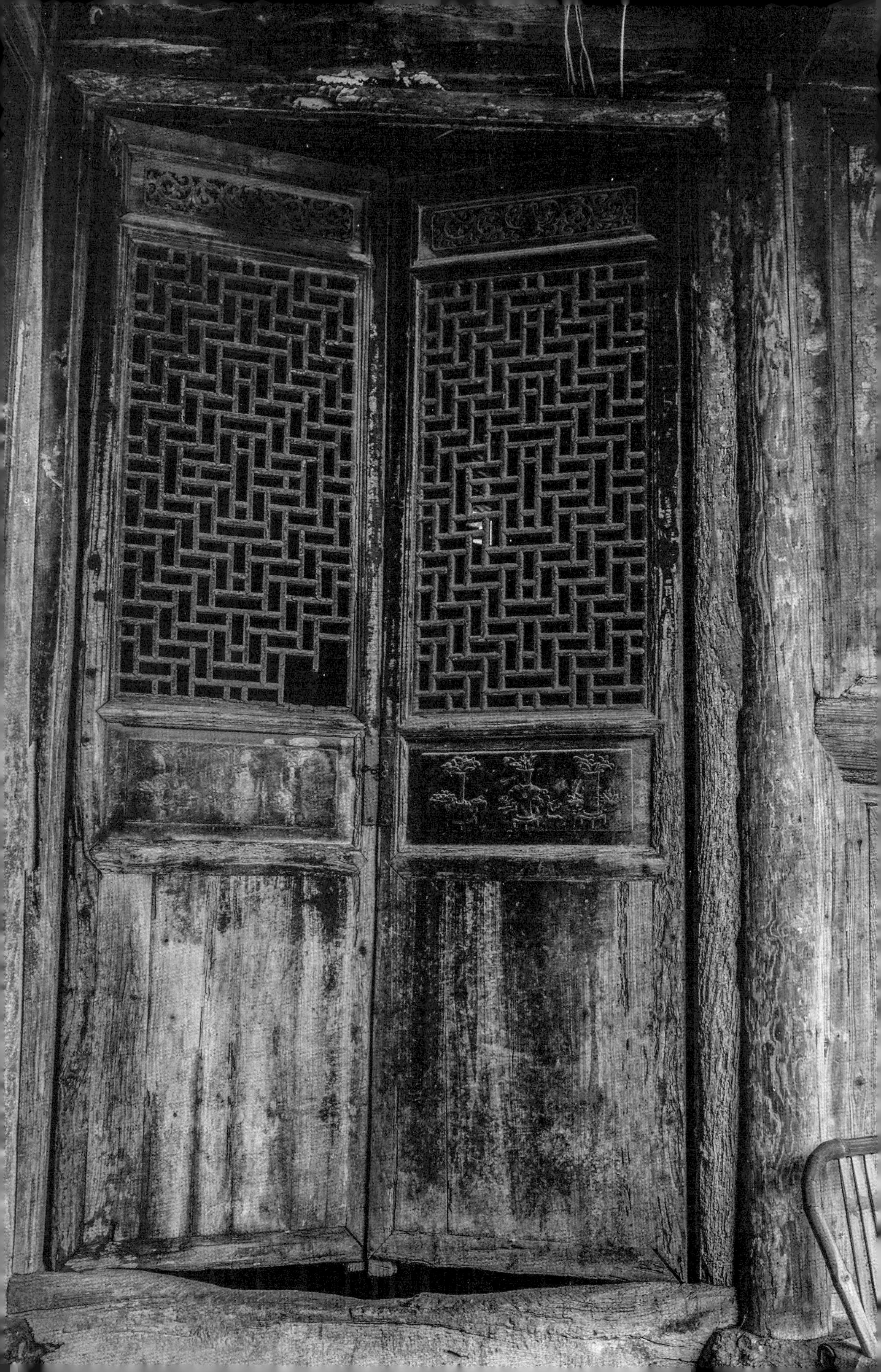

房门上精美的雕刻显示房屋主人造房子时候的用心程度、重视程度。

追忆 胡卜
—— 一个江南乡村的纪实影像

↗ 走到二楼厢房，可以看见一楼房顶犹如图案一样的小瓦片。楼下走廊里坐着闲话家常的人，他们农忙时互相帮助，农闲时互相聊天。现在房子里主要住着舍不得离开的老人，他们是老房子最后的坚守者。

最田园式的生活都体现在这幅照片里。几间房，一个院子，晒一下自己种的粮食、食品。

追忆 **胡卜**
——一个江南乡村的纪实影像

在农村，置办农具也是大事情，这些农具凝聚了主人的心血。这些农具显示的不仅是当时的生产力状况和农耕文化，更是展现了主人的温情。

第五篇
民居 | 113

这台扬谷子的风车耗费心思最多,上面写了好几个人的名字,看来这个是多人共有的大家当。

胡卜村经济历来以农为本，自给自足。土地以种植水稻、小麦等粮食作物为主，兼种玉米、蕃薯、大豆、油菜籽、花生、蔬菜，并种桑养蚕。

田里种的辣椒，挂着晾晒一下，以备没有鲜辣椒的时候作为做菜的作料。

追忆 胡卜
—— 一个江南乡村的纪实影像

↗　　江南的土灶台用砖或者石头砌成，上面的铁锅不深。由于锅大火猛，烧出来的饭菜的味道是现在城里的煤气灶或者其他灶具无法比拟的。每个灶台虽然没有华丽的装饰，但收拾得相当干净。

这是一般农村用的碗橱。全部实木手工制作。

↗　无论是灶台上面还是灶台后面，都被收拾得很干净。

在拍摄的那段时间里，我问及一位年长的村民愿不愿意搬走时，她回答道："现在不愿意搬走也没有办法，只有搬走。"当问及会搬到哪里时，她回答："可能要和孩子们一起住到城里"，当问及住在城里好不好时，她又回答道："城里有啥好，在这里住了几十年了，都习惯了，你看我这两件衣服，都要洗破了还是白白净净的，到城里洗衣服水都没有我们这里好，就不要说其他的了。现在农村条件好了，不比从前了，农村好了……"从我问她简单的一两句话，她就滔滔不绝地说个不停来看，她的内心还是不舍得搬走的，毕竟这里经历了她所有的青春，有太多的记忆来自这里。这里的水，这里的山，这里的空气，这里风中的气味，都是她所熟悉的。迟暮之年，还要背井离乡，确有千万种不舍。

追忆 胡卜
—— 一个江南乡村的纪实影像

　　梅溪胡氏家族重视教育。南宋末年，胡善缘创办半天书院，开一族教育之先河。明万历年间，胡龙高捐田50亩创立社学。此后，村中富裕人家集资办私塾，延师课子。宗族奖励读书人，同治十一年重修宗谱时增订的《家规》中有"训读"一条："读书砥行，光前裕后者也，有志之士，宜思上进，弗以家计为累。"

　　族人热心办学，培植子弟。同治至光绪年间，胡明兰在德裕祠创办养蒙初级小学，以身为长者五年，所费悉取于己。1912年，胡声原命长子胡浩然创办星峰两等小学（初名为启蒙），借址胡大宗祠。胡浩然任校长兼教师七年。学生成绩优秀者考入省府中学，如胡林人考入省立第一中学，胡绍魁考入浙江宗文中学，胡兆祥于1917年上海沪江大学毕业，为胡卜村第一位大学生。后来，胡贤宾、胡明浚、胡燮壬、胡约生、胡秋熙等人先后任校长。

这几块光溜溜的石头在义教堂的院墙地下，在这里坐着夏天非常凉快，多少人坐过无从知道，被坐了多少年也无从考证，只是留下这光滑的暮云，留给来人想象。

义教堂后台门

上坎头后台门，胡氏三十六世祖明兰建造，正屋三间，两层楼屋。胡明兰，字馥园，生五子，长、次两子住旧居义教堂；四、五两子建东西两侧屋。大街景春堂店屋两间分给四、五两子各一间。新昌有位著名的企业家就生长在这间房子里。

一个朴素干净的小院,由于多年无人居住,墙上有些斑驳。

追忆 胡卜
—— 一个江南乡村的纪实影像

↗ 这是一个极好的视角，既可以看见老台门高高低低节奏感极强的马头墙，又可以看见远山和白云。可以遥想当年房子的主人也曾无数次在这里眺望远方。蓝天白云，粉墙黛瓦。

村民一般会腌制素菜，为冬季和第二年上半年蔬菜没有接上时食用。这些大水缸就是腌菜用的器皿。一年中，它们会有几个月被空置起来，聪明的村民就把它们变成水缸，放在小院里盛水。在没有自来水的时候，农村用水都是从外面挑回来盛在缸里的。

后台门的东西厢房。

第五篇　民居

　　在台门正厅中间，一台许久没有用过的织布机又被组装起来，主人说，就要搬迁了，把它组装起来让来这里的人参观，拍拍照片，让更多的人知道我们的生活。

到处可见的"拆"字时时刻刻提醒着来到这里的人们,这座古老村庄的历史。

四份头台门

梅溪胡氏第二十七世祖胡斗雄的后代,在家族中辈份大,但常有出继入继之事。从乾隆以后的一段时间里,后裔大约维持着四份人家,他们居住的地方因名"四份头台门"。

胡斗雄的孙子胡亮勋(1757—1836),为梅溪胡氏一族之长,率领族人修宗祠、建庙宇、重修朝阳庵,"尊于族而长于家,其德行亦冠乎一乡"。胡亮勋有天凑、天玉、天定、天祥四个儿子,他的兄弟胡亮佐乏嗣,就把长子胡天凑出继给他为嗣。胡天凑(1781—1863),号逸亭,为邑庠生,他建造的第宅被称为"四份头新台门"。

四份头台门的老台门和新台门,都是三合院格局。正楼三间两层,底层前为廊,小瓦屋面,三面风火墙,南面砌院墙,青石阶沿,天井卵石铺地。民国时期,梅溪胡氏家族中辈份最大的人物仍然都在四份头台门,其中第三十二世祖胡毓松和胡成章,及子侄胡增熙、胡秋熙四位,对家族的影响长久而深远。

胡毓松,字燮壬,族人尊称其为"燮壬家长"。一族之长有其特殊的长者风范,"性刚气直,处事坚毅,百折不挠,所期必成",他参与重修胡大宗祠、拨产创办盘山小学,为公益事业不遗余力。此外,他课教子孙的方法也异乎寻常,常嘱咐曰:"有志男儿当献身国家,立功疆场,以利民生,岂可株守家园,与草木同腐乎?"胡毓松有才熙、才绍、增熙、国熙、秋熙五个儿子,其中三子增熙和五子秋熙听从父亲的教诲投身军伍,没有了农耕者株守家园的寻常人生,而有了转战疆场后各自历经患难的非常人生。

胡增熙十八岁那年,即民国十一年(1922),闻说浙江省防军第二师第六团开往新昌平定大市聚民众暴动后在管家岭村招兵,就加入省防军。1936年,被保送到中央军官学校洛阳军官训练团培训,抗日战争爆发后,"参加九一八、

一·二八、八一三及沪淞、台儿庄等战役，莫不身先士卒，历经百战，致身受三弹，出九死一生以建奇勋"。

　　胡秋熙于1935年随四哥国熙去上海美亚绸厂做工。上海沦陷后工厂停业，回到老家胡卜，任四庄乡中心小学校长。不久，经三哥增熙介绍，去贵州龙里考取黄埔陆军辎重兵学校，成绩名列前茅，留校任驮马连连长。抗日战争胜利后，秋熙返回胡卜，在村中开设了大昌南货店。1948年参与梅溪胡氏宗谱重修，并撰写了《重修胡氏宗谱序》。50年代初，秋熙几经周折到了台湾，凭借自己曾在绸厂做工的技能，从四台绸机开办一家小型纺织工厂起步，经过二三十年的艰苦操劳，创办天祥绸厂股份有限公司、新新昶染整厂股份有限公司、再新企业有限公司等企业，自任董事长。新昌同乡称赞其为新昌人在台湾"白手起家"的典范。

　　民国版《梅溪胡氏宗谱》有两篇序言，一为胡秋熙撰写，另一为胡成章撰写，这两位人物均居住在四份头台门。由此可见，四份头台门除了在军政界和经济界的实力，在家族历史文化财富的积累传承上也有其重要的地位。

　　胡成章毕业于南京高等师范大学，任教于绍兴栖霞等地学校多年。回村后，参加《梅溪胡氏宗谱》重修，撰写了《胡氏源流采访记》《德昌祠记》《胡氏竹岸义渡碑记》《飞黄坊左司谏坊二古迹合考》等七篇，堪称梅溪胡氏重修宗谱的主笔。胡成章家是胡卜村藏书最多的地方，自号"扫雪山房主人"，四份头台门因此有了另一个富有文化气息的名字——扫雪山房。

　　21世纪，四份头台门走出来的人早已不止四户，好几户还远远地走到中国香港、中国台湾和美国，而梅溪胡氏家族里辈份最大的人，仍出自四份头台门。

四份头台门的大门，外面紧邻大街路口的牌坊。原来砖砌的门重新修葺，用上了现代的水泥进行加固。门口的台阶用水泥浇筑了一小块，方便主人的电动车出入。

↗ 经过大门的门廊，就来到小院里面，小院里鹅卵石铺出精美的图案，由于居住的人很少，院里开始长杂草。

这间院子现在是几个兄弟的共有房产，布局方正，整洁。

胡云达，兄弟姊妹六个，三个姐姐，两个弟弟。除了务农以外，还是胡卜的电工。他有很多手艺，一般铁匠的活他也会做，后面扬谷子的风车就是他自己做的。

木质的门窗，朴素，端庄。

追忆 胡卜
—— 一个江南乡村的纪实影像

↗ 原本木质的门窗都需要保养，但2003年开始收到要拆迁的通知后，这些门窗也就没有保养了。虽然十几年没有保养有些风化，但是仔细观察，仍然可以看见当时工匠的精湛技艺。

古老的房子梁柱上,挂着20世纪的广播。这个广播目前仍然可以使用。1980年,广播线路全面改造,全村分成四支线路,安装广播308只。

胡云达热情地请我们参观他的工作室。这个是挨着老房子边上新建的现代建筑，这间小房间在一楼，里面摆放着他的宝贝。他最担心的是以后搬家了这样的东西放到哪里？

↗ 这些农具大部分都是他自己打造的。胡云达介绍说："以后用都没有地方用，这些锄头是自己打的，这些锄头'把'都是我费心思到山里找来的，很好用的。"

追忆 胡卜
—— 一个江南乡村的纪实影像

↗ 农村做饭能源来自山上的柴火，所以家家户户都有一个土灶台。小小的灶台也凝结了主人的智慧，灶沿翻起的一小截不仅仅是样式的改变，还是平时实用中生活经验的积累。

第五篇
民居 | 141

↘ 在楼上拍摄的时候,听见小巷里非常的热闹,原来是一群摄影的人来古村拍摄外景人像。

除了爱好拍照的，还有一些来考察的。古村沉寂之后，随着搬迁的临近热闹起来。

第五篇
民居

中国江南的古村魅力是这一片一片的瓦以及那些高高低低的马头墙共同构成的精美图案。

追忆 **胡卜**
—— 一个江南乡村的纪实影像 144

村里曾经有纺织厂，这些当年的纺织厂闲置的部件，虽然不知道什么时间可以再用到，但是这上面凝聚主人的心血，它们也被珍藏起来。

胡林人台门

胡林人台门是胡氏三十五世祖贤林建。胡贤林,武生,钦恩都司职衔。三合院格局,建筑面积465平方米,正楼三间二层,底层前为双步廊,用月梁、斜撑,雕刻较细;明间开敞为正堂,次间设槛窗;二层梁架为分心前后双步带前后单步,用七檩五柱;梁架用材一般,制作规整;厢楼两开间,与正楼两侧颊屋连通。三面封火墙,其南面砌院墙,墙眉有墨绘图案、线脚等;中间辟板门二扇。

贤林继子胡林人。新昌中学语文教师,抗日战争在浙江定海任教,1949年以后在新昌中学教书。胡林人有三子,大儿子在上海华东师范大学任教;二儿子在衢州一中任教;三儿子在家务农,兼做手艺生意。

追忆 胡卜
—— 一个江南乡村的纪实影像

↗ 从二楼窗户看外面，可以明显看见精美的墙头彩画，历经岁月，仍然色彩鲜艳。住在这样的庭院，闲时和邻居话话家常，说说心里话，何尝不是让人羡慕的日子。

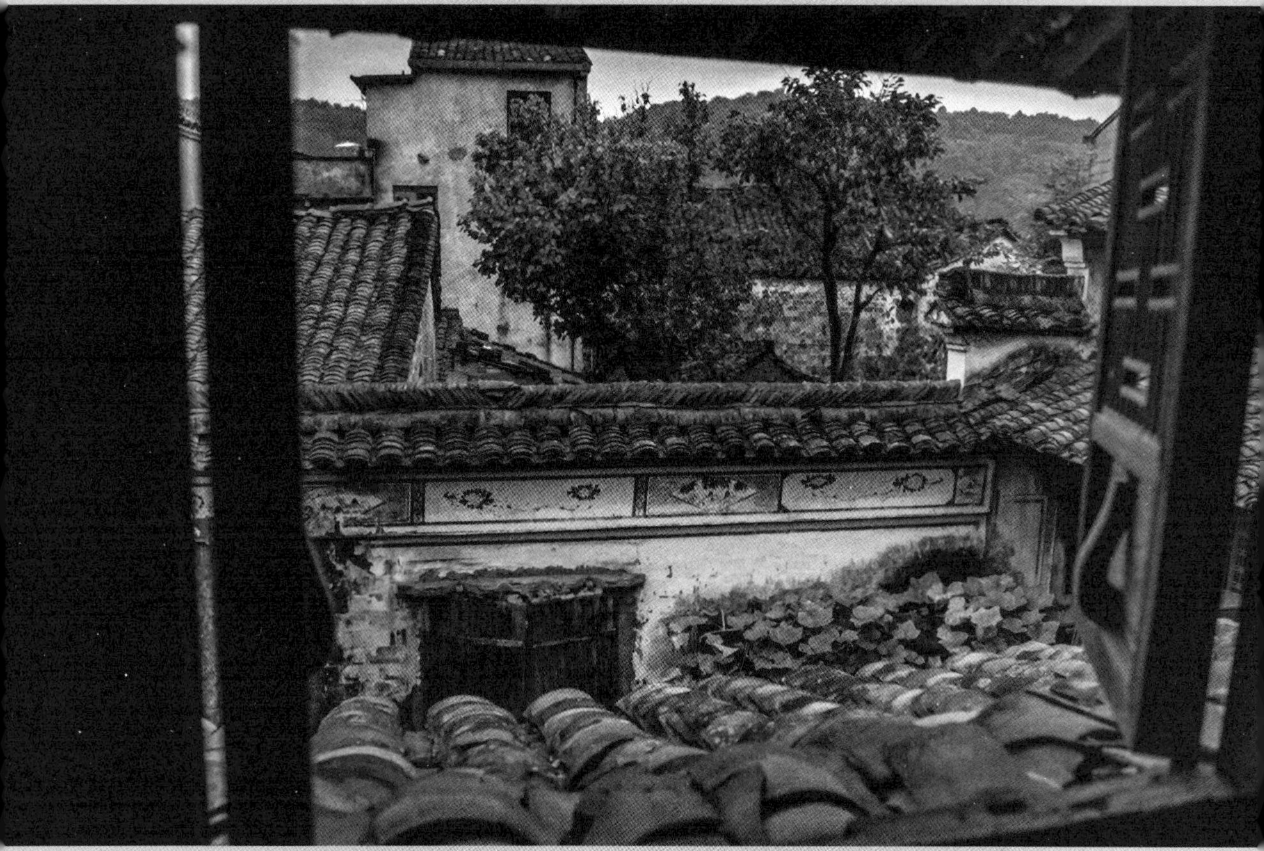

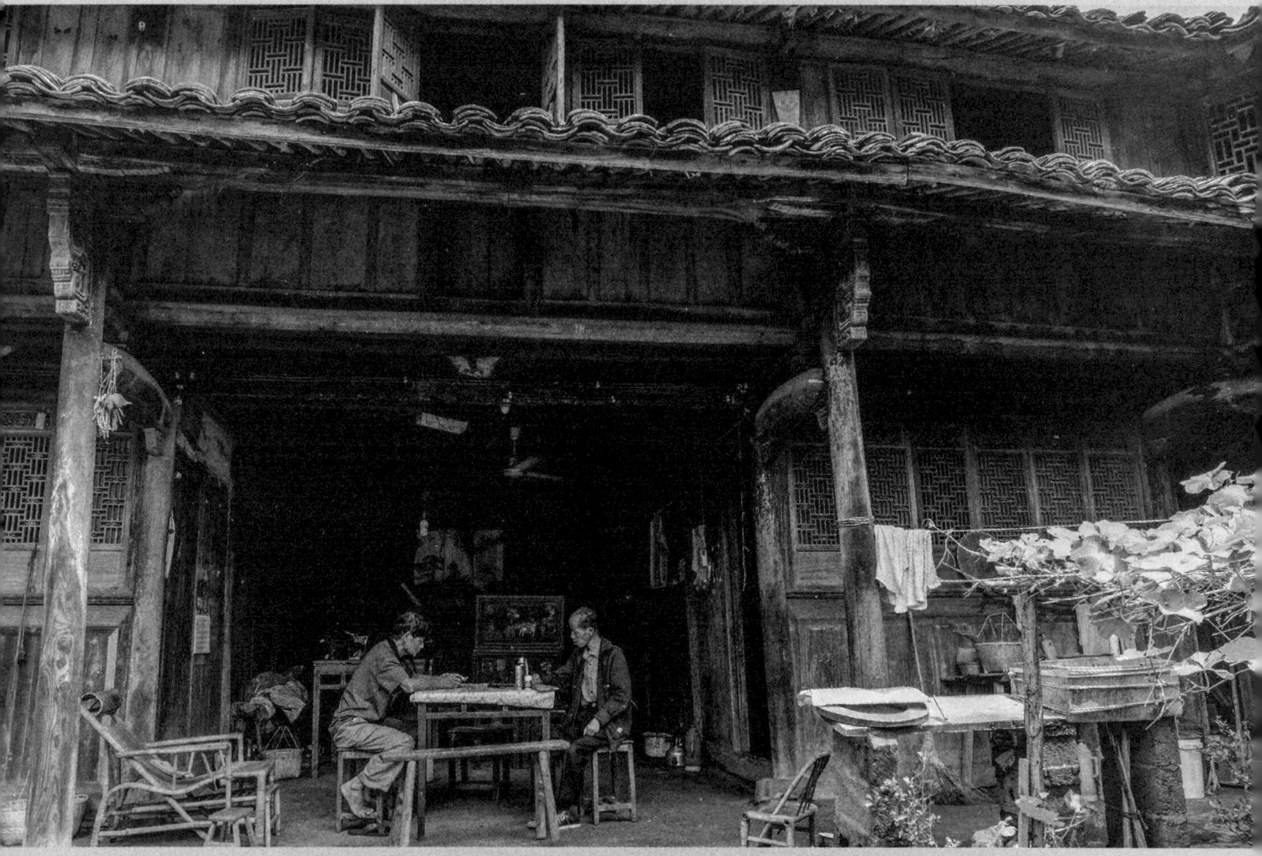

追忆 **胡卜**
—— 一个江南乡村的纪实影像

房屋的二楼是梁架结构，木板隔层。笔者去拍摄的时候由于将要搬迁，楼上东西基本清空。楼上木板隔墙上写了很多励志的话语。

厨房和灶台虽然有些陈旧，但细看也不难发现主人的智慧。

拍摄时还居住在台门里的主人胡易尔，见人都是面带微笑，一个非常和气的人，上面一把理发用的椅子他自己也不知道用了多少年，但椅子在他的精心"照顾"下，仍然好用。空闲的时候和邻居下下棋是他日常生活的一部分。

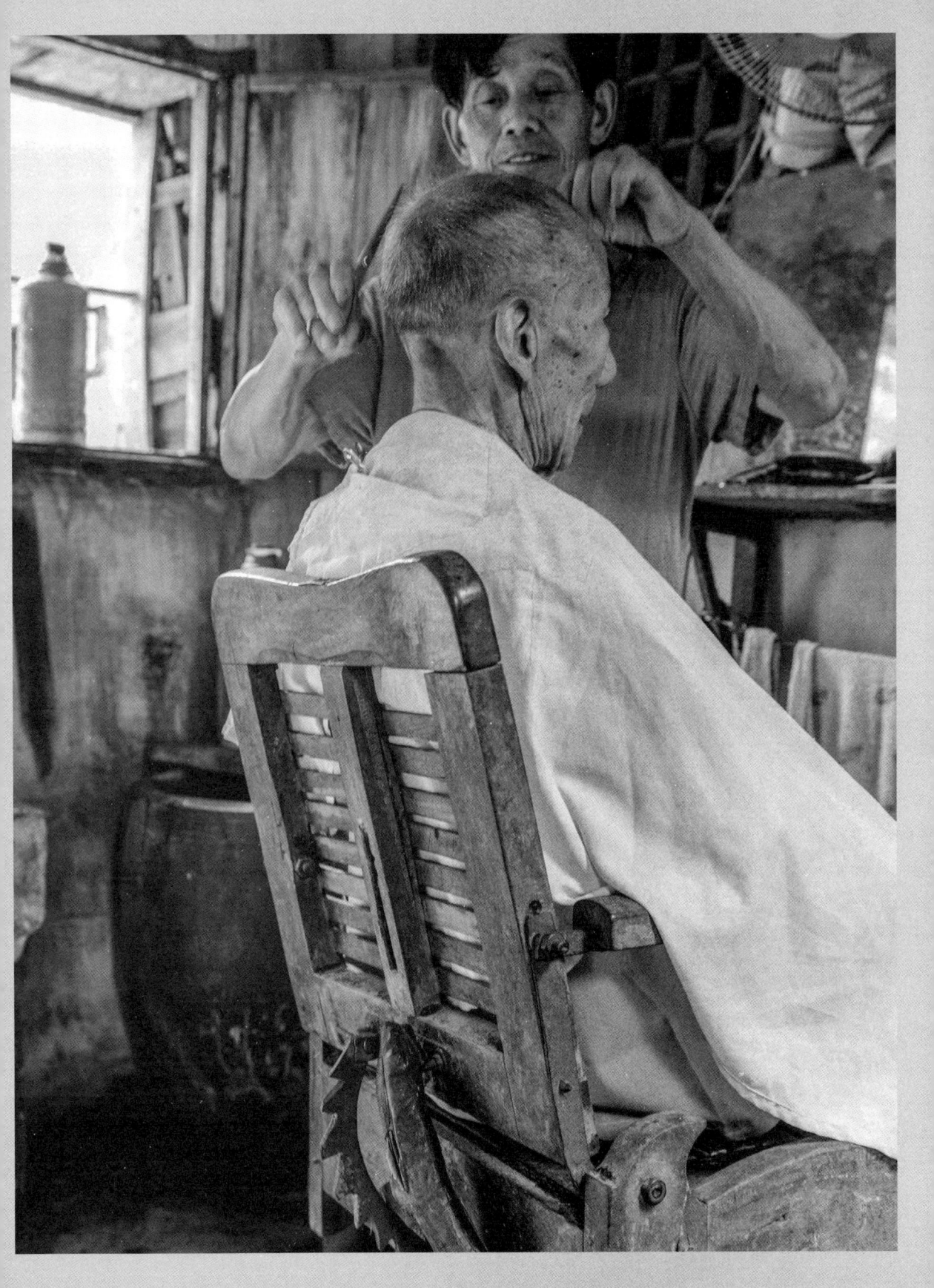

一天下午，村里的俞绍海老师来理发。俞老师说："习惯易尔给我理发，他手艺好，几十年了都是易尔给我理发。"

追忆 **胡卜**
—— 一个江南乡村的纪实影像

↗ 虽然现在只有易尔一个人在这里居住,但收拾得非常干净。

上面一张是房子原来的部件，主部件和附件成为一个整体，下面这张部件是后期维修加上的，显然要逊色一些。

主梁架上的牛腿。

门和门上的木浮雕。

追忆 胡卜
—— 一个江南乡村的纪实影像

门厅走廊的右边放置一些生活用品，这些用品摆放得如同静物油画。下面这只提篮是用竹子编制的，据易尔介绍是他们家谁的嫁妆他也说不清楚。这只提篮非常精美，竹篾细如发丝，上面还有精美的图案。

上面一张是江南农村耕田插秧时用来平整水田的农具,叫"耖",刚被我们拍了几张照片就被一个开农家乐的老板花一百元买走了。下面这张图是"皮草鞋",就是以前草鞋的样式和功能,是废旧的轮胎割出来的,据说耐磨,但穿上并不舒服。

追忆 **胡卜**
—— 一个江南乡村的纪实影像

胡卜村的村民外出一般不锁大门，里面的门有些也不关，只是关上外面的小矮门，防止猫猫狗狗之类的小动物进屋里面去。

搬迁将近，除了来淘宝的商贩，收废品的人也多了起来。中间这位就是收废品的小贩，他见主人在忙着给人理发，自己在房子里面翻找可以收的废品。

万兴头台门

　　万兴头台门是俞焕松（1878—1948）于1913年始建，位于胡卜村东南角。万兴头台门一面朝南，面临一条大路；另一面紧邻胡卜大街，对面就是飞黄牌坊。面临胡卜大街这边的台门有店面房三间，店面房后面有储货间。这一侧正屋外有防盗台门，台门内东面有三间矮楼杂房，西面有四间矮楼杂房，用于养猪、厕所、放柴草。正台门大门朝南，五开间正房，另有二侧厢房。朝南台门围墙高2.6米，长38米。台门正门门口有二百多平方米晒场用于农作物的晾晒。前门廊放置石捣臼、风车等杂物。台门正门外有四柱防盗台门，正台门上挑檐二米多，外台门外有一条较宽的可通行拖拉机的道路。

　　俞焕松家人丁兴旺，有四子五孙、八曾孙。这些子孙大多数成才，有位列大校的海军医院的院长，也有上市企业的中层领导；有中学副校长，也有医院医生。俞焕松的子嗣们从事各种行业，在各种行业中干得也很出色。

第五篇 民居

万兴头台门是一座规整的小院，充满了中国古建筑的文化气息。站在大门门口可以看见远山的苍翠，可以闻见稻花的芳香，还可以听见梅溪湖水的叮咚之声和蛙虫的和鸣之声。

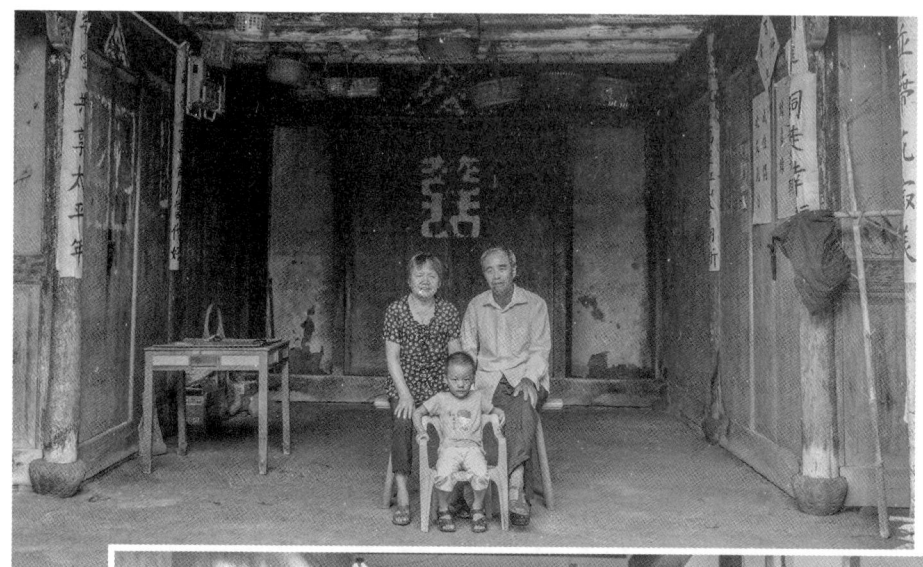

追忆 **胡卜**
—— 一个江南乡村的纪实影像

162

俞锦平，1951年出生于这座老宅里面，直到1996年搬迁到村西口的新房子。上图是在老宅子的正厅的留影，下图是在新房子的客厅的留影。

上图是俞锦平堂哥、堂嫂在老房子里面的留影，下图是俞锦平和孙子的合影。

通往杂物房间的门廊。

上图是正厅的房顶，由于老房子比较凉快，房顶也是一个储藏农产品的好地方。

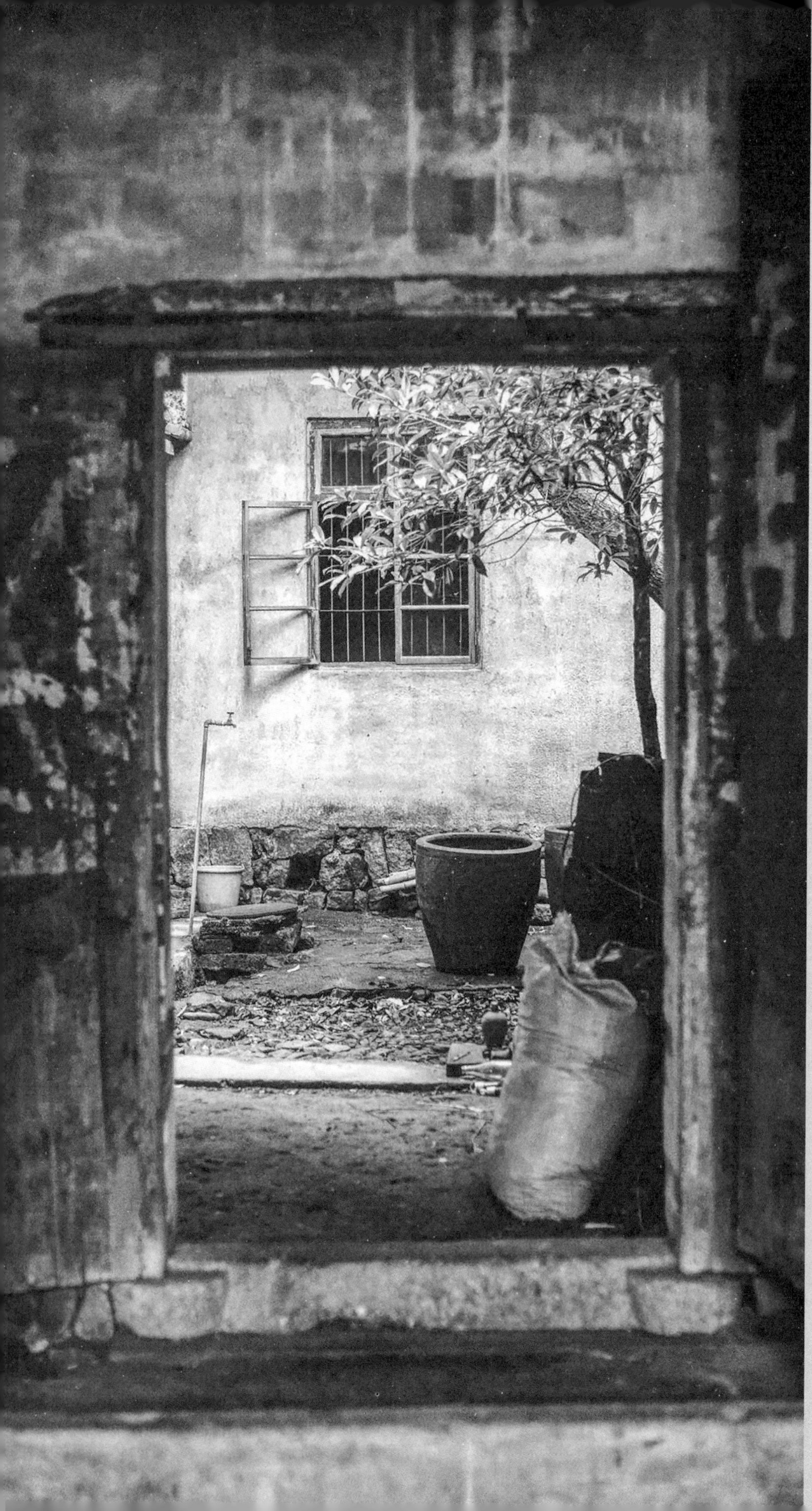
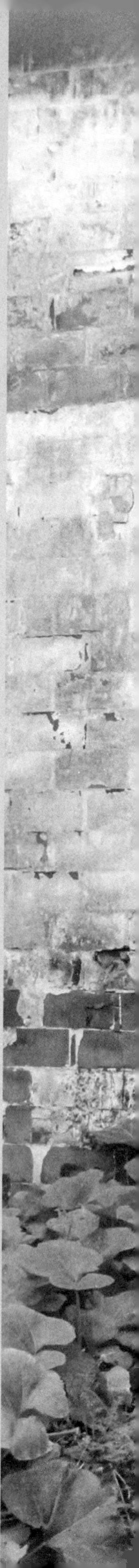

↙

俞锦平的小孙子在门口看着前面的稻田,猛然间发现我在拍他,一下子紧张了起来。俞锦平对孙子说:"你要记住这个地方,爷爷就是在这里长大的。"

俞家石台门

俞家石台门，院落长24.3米，宽17.05米。建筑面积776平方米，三合院格局，正楼三间二层、带前后天井、两侧厢楼；南面砌墙，辟板门二扇；正楼底层前为单步廊，明间开敞为正堂，次间设槛窗；二层梁架为五架梁带前后单步，北出五檩抱屋至北墙；梁架用材较粗硕，制作规整，细部雕刻精美。前厢楼两开间，与正楼两侧屋连通。周圈风火墙。拍摄时主要由俞绍海等居住。

俞绍海，1929年出生，是一名教师，桃李满天下。接受采访时84岁。

俞家石台门的大门朝南，用整块的石料加工而成的门框一直让我由衷地钦佩。百余年前的工匠精神是多么伟大，当时他们是怎样在没有电、更没有现代化工具的条件下制作如此漂亮的石门的？

追忆 胡卜
—— 一个江南乡村的纪实影像

↗ 俞家石台门无论是院子还是正厅都收拾得干干净净。正厅正面的墙上挂着别人给主人贺寿的寿联。2014年8月23日，我们一行几人在俞绍海老师家拍摄和采访，俞绍海老师回忆起往事热泪盈眶。在我们拍完视频以后，也许是想起太多的往事，他回到房间把家里的照片拿出来整理，他一边整理，一边和夫人回忆照片里的人物和拍摄的地点及时间。

这个位置是俞绍海老师家厨房的后门,每到下午稍微空闲下来,俞绍海老师的夫人就会在这里诵读经书。

吃过饭空闲下来了，俞老师夫人就坐在后门念念经。

俞老师家的厨房收拾得井井有条。

追忆 胡卜
—— 一个江南乡村的纪实影像

俞老师家是在正厅右面的房间,紧挨着房间窗户放着一张桌子和两把椅子,再往右边的厢房放置着洗漱的脸盆、毛巾之类的物品,无论什么生活用品,都被洗得干干净净。

俞老师家房间窗户上槛窗雕刻细部。

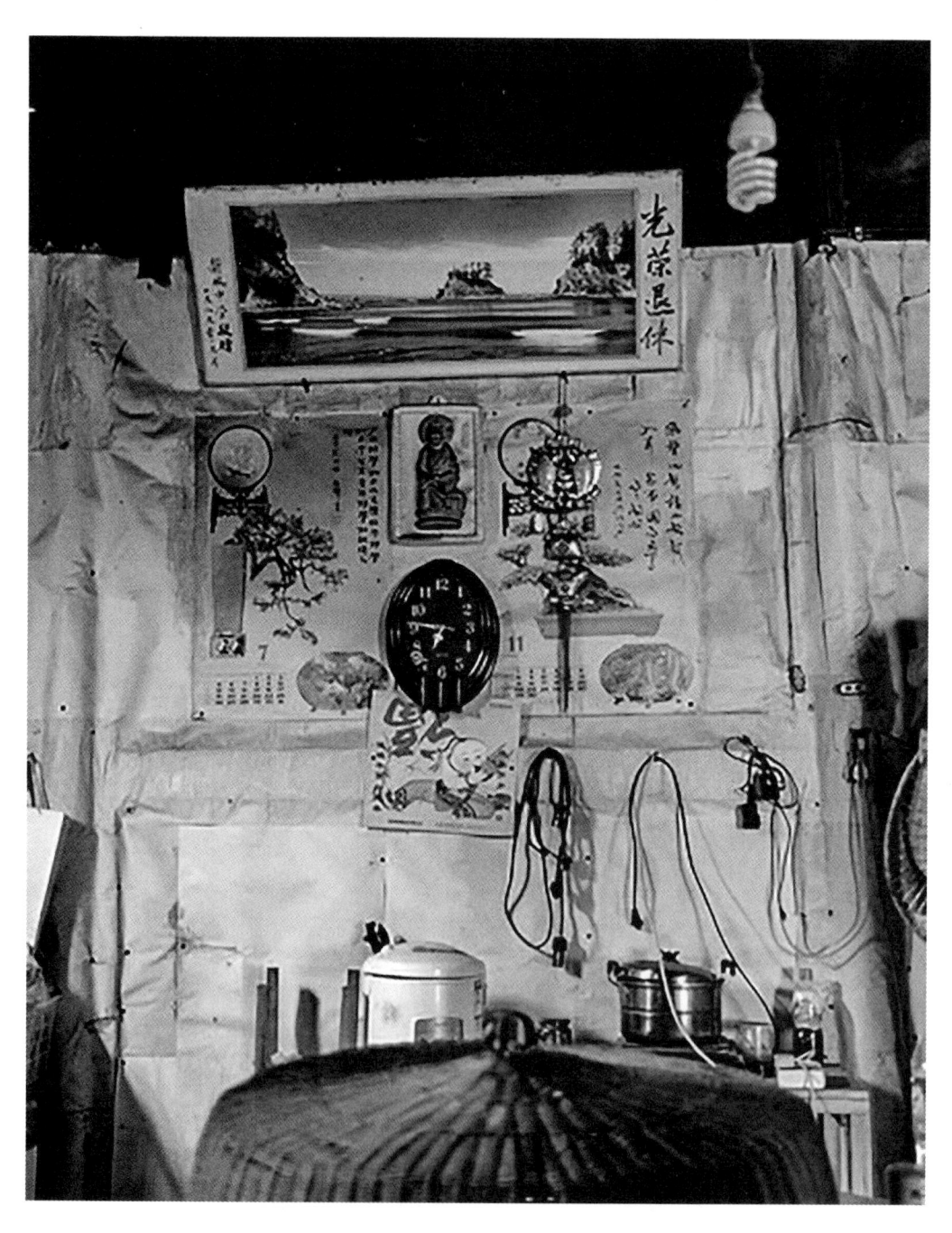

追忆 胡卜
—— 一个江南乡村的纪实影像

由于台门是祖辈传下来的,往往是多个家庭共有产权。虽然每间台门都有正厅,但是正厅是公用的地方,属于自己的物品一般都收到自己的房中。这间厨房是属于俞老师的,他退休时单位送的画也挂在这里。

院子依然井然有序，经历了岁月的洗礼，细细观察不难发现房屋柱子的石杵有些斑驳了。

正厅二楼的重要位子，供奉着祖先的灵位。由于多年未得到大修保养，房顶的瓦片有几片掉落，正好掉在供奉灵位的桌子上。

右边房间靠近门口的地方放着一台缝纫机,缝纫机曾经是农村结婚时才能采办的三大件之一。俞老师的夫人现在还经常使用,拍摄的时候她还在上面缝制了一个东西。

追忆 **胡卜**
—— 一个江南乡村的纪实影像

第五篇
民居 | 181

↙

桑蚕曾经是胡卜村重要的经济来源，全村基本家家户户养蚕，因此，无论走到谁家，都可以看见养蚕的工具。

追忆 胡卜
—— 一个江南乡村的纪实影像

↗ 俞老师用旧盆在院子里种了丝瓜,他们称为"添娄"(音)。

第五篇 民居

俞家石台门的左边是另外一户人家，目前是俞老师的侄子在居住。同在一个院落，左右房间属于不同人家，他们都是有亲戚关系的。

追忆 **胡卜**
——一个江南乡村的纪实影像

在正厅门口的梁柱上贴着春联，仔细一看还可以看见几炷香烧剩下的柄。俞老师夫人介绍说，香是请祖宗神仙的，没有烧完的香头也不能随便乱扔。

位于大厅左面的房门。

门板上的木质浮雕。乍一看好像是左右对称的雕刻，细致一看，这两幅雕刻，统一中带着变化。

胡卜古村，犹如一位隐者，无论从哪个角度，都无法看见她的全貌，但无论从哪个角度去欣赏和品味，她都是一幅完整的中国画。

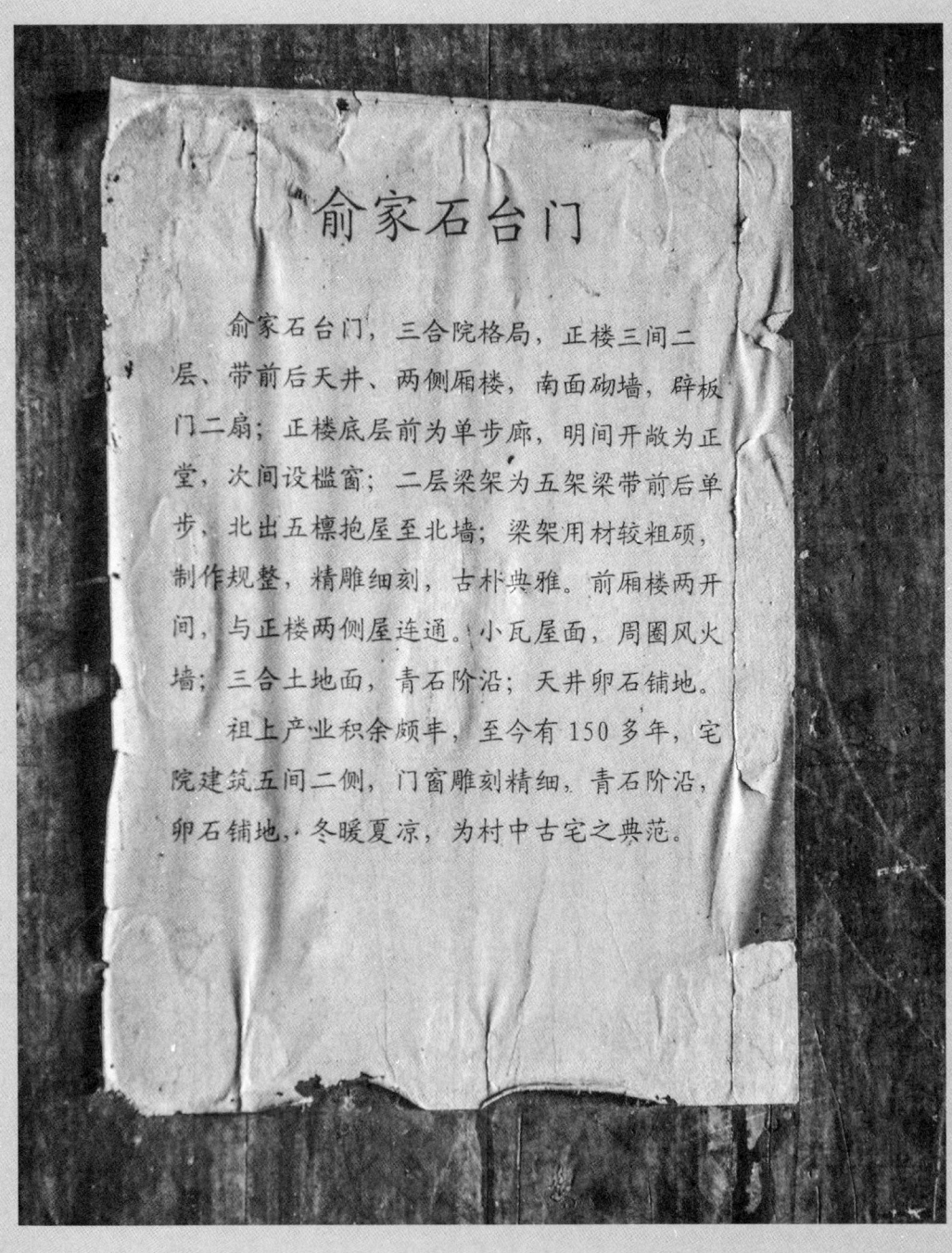

俞家石台门

俞家石台门，三合院格局，正楼三间二层、带前后天井、两侧厢楼，南面砌墙，辟板门二扇；正楼底层前为单步廊，明间开敞为正堂，次间设槛窗；二层梁架为五架梁带前后单步，北出五檩抱屋至北墙；梁架用材较粗硕，制作规整，精雕细刻，古朴典雅。前厢楼两开间，与正楼两侧屋连通。小瓦屋面，周圈风火墙；三合土地面，青石阶沿；天井卵石铺地。

祖上产业积余颇丰，至今有150多年，宅院建筑五间二侧，门窗雕刻精细，青石阶沿，卵石铺地，冬暖夏凉，为村中古宅之典范。

几年前村里走出去的企业家曾组织过一场摄影比赛，用比赛的形式来记录胡卜村，这些介绍是当时贴上的。

木质的门配上就地取材的门栓，非常有意思。这其中反映的不仅仅是村民的生活，更反映了胡卜村村民数百年来的互相信任。

追忆 胡卜
—— 一个江南乡村的纪实影像

手稿一

我生于1927年，38年春上学，读满6年毕业，后世入学也，那时正是1942年。国民党军队节节败退，加日本打遍大半中国。幸亏伟大的共产党组织八路军和新四军掀起面全国抗战（即全民抗战）。加日本受到极大震动，激怒了天皇，就派出动大批飞机，对中国大陆疯狂滥炸，学校为了避难加以了解散。如就说我在五年级时受到的3个月就失学在家，国家苦国难，甚是念加饱腹农不遮体，就这样，我曾经到地京去帮叶牧童。每月一斗未带之资，忍饥受苦后，在我亲友帮助下到五年级，教3为完。见到了太阳，不怕吃苦受累，翻身作了主人。当时国家细路看人才奇缺之困难，各级根本上解决人才问题。大办学校，广泛招收失学青年。我就在当时的乡政府推荐进入师范学校读书。当时我面临两大困难，一是旧有基础知识而新的学新知识衔接不上。二是老师外地都是。

手稿二

老师语音听不懂，这种情况加尽是我一个人，思想都起动摇，都想辞学回家，学校领导对孤下药，掀起以优帮劣，一对一对的群众运动，各机关国队组织开展了帮赶竞赛。像我一样的后世生转败为成功，世此"书山无路勤为径，学海无边作舟"的名句作为座右铭鼓励自己。两年之后全部掌握，以我来说，一跃成为校报通讯员，后又转化实组长。毕业后就分配到乡中心学校，任教两年之后被提升为教导，79年开始普及初中教育，又被提升为中教导教，当时正处农村动乱正此时期，文革面对又全面恢复了教学制度。新的规章制度都教书主要，以此就得到了上级领导的信任。就评上职称教一级（中级技术干部），得到了国丁纪念章。

历经这36年的教育工作，大部分的学生都在加国家上作贡献，各教师都将以加评其教。

手稿三

金玉豪 胡伯剥 新和城区长 绍兴市人大代表
孔神照 杭钢党委书记
胡夫德 博士生导师
胡姓坤 外种专家
周妞你 中医专家
沛青松 中医专家
沛李珍 证券会计师
在县府、在公安局等几部门都有。

这三页是俞绍海老师对其工作的回忆手稿。

> 余国静老师：
> 　　对不起，我要打麻将去了。
> 家里各门都敞开着，一切让
> 你们自便了。若口渴，开水放在门
> 内楼梯旁。
> 　　　　特此留言
> 　　　　　　　　俞绍海
> 　　　　　　　　即日下午

　　我来到胡卜村拍摄之前并不认识俞绍海老师，在村中参观的时候发现他家的台门收拾得干净，保存得完好，引起我的拍摄兴趣，从而开始对他进行采访。采访俞老师时，他非常热情，也非常配合，每每讲到情深之处还热泪盈眶，颇让我激动。采访和视频拍摄在上午完成，临走告诉俞老师说下午想来拍摄一些照片，对我这样一个陌生人，他欣然答应了。下午来了以后，在门口的桌子上发现字条，我非常感动，感动胡卜人的善良，感动胡卜人的真诚，更感动胡卜人对我的信任。我曾经告诉俞老师，我以后想把这些资料整理出一本书，告诉后人曾经还有过这样一个历史悠久、民风淳朴的村落，说书出来了还要送一本给他看看，他非常高兴。到现在，我的书稿还在撰写，可是俞老师在搬迁后不久就去世了，这也成为我心中巨大的遗憾，今天，仅以这段话献给俞老师，希望他在天有灵，可以感知到我的一片诚心。

宝 经 堂

　　宝经堂又名源昌头台门，胡氏三十三世祖才明建。三合院，正楼五间二层，中间底层前为廊，明间开敞为正堂，次间设槛窗，东西厢房各三间，天井有四只太平缸。三面封火墙，南面院墙有"福"字。中堂贴有报单，一张为胡兆祥（字耀藩）考上沪江大学红纸报单，另几张已模糊。

第五篇
民居

这堵墙是源昌头台门的外台门，现在由于年久失修，只剩下一片墙。

追忆 **胡卜**
—— 一个江南乡村的纪实影像

在胡卜村经常有一些在老台门边上盖起的新房子,这些是因为台门的兄弟分家以后,有些兄弟加盖房屋。这座建筑拍摄于2014年8月25日,老屋似乎也对我们有些不舍,下起的大雨犹如无声的诉说。

源昌头的走廊里也放着几张凳子。

胡卜人人热心办学，培育子弟。同治至光绪年间，胡明兰在德裕祠创办养蒙初级小学，以身为长者五年，所费悉取于己。1912年，胡声原命长子胡浩然创办星峰两等小学（初名为启蒙），借址胡大宗祠。胡浩然任校长兼教师七年。在胡卜上学的学生成绩优秀者考入省府中学，如胡林人考入省立第一中学，胡绍魁考入浙江宗文中学，胡兆祥于1917年上海沪江大学毕业，为胡卜村第一位大学生。这张报单就是记录当年胡兆祥考上大学的事情。

源昌头的房门和门上的浮雕。

源昌头的槛门。一般出门，关上这扇小门就可以。

源昌头门口的一口古井，村民介绍，曾经有好几个人来买这口井圈，他们都没有同意。他们说，留着，也许后面搬迁了会搬到某个地方，我们以后可以去看看，权作纪念。

石臼在江南年节时多是用来捣制美食的,平常会在石臼里装上水,石臼的材质特殊,还是磨刀的好工具,这口石臼沿上那些小月牙形就是长年磨刀留下的痕迹,现在成了一个装饰性和实用性结合的"景观"。

在源昌头台门的后面有一座现代建筑，这座房屋的主人是从祖屋分家出来的胡益乐。

搬迁

第六篇

盛夏时节再次走到村里，异常的氛围笼罩着全村，前一段时间见到我总是笑脸相待的胡卜人，这次见到只能勉强打声招呼，他们脸上流着汗水，衣服被汗水浸湿了。从他们的脸上，可以读出他们心里的苦涩。胡卜的子孙在历史上有数次外迁到村外，但这次搬迁意义非同一般，这次意味着胡卜人离开自己熟悉的家园，不再回来。为了国家发展的大局，为了经济的发展需要，中国有千万像胡卜人一样普普通通的民众牺牲自己，而这些牺牲值得每一个人尊敬和佩服。随着时间的流逝，今天胡卜人可能会被零星提起，也可能会被完全忘记。我非常有幸可以记录下胡卜村搬迁的这个过程，虽然只是千万分之一，但是从中也可以为胡卜人留下一点痕迹，想到这里，不免觉得有些庆幸。

梅溪水从古流到今，从春流到夏，一般说来，溪水的枯涨只与季节的更替有关。可是，现在梅溪的水渐渐升高，溢出堤岸，漫过耕地和良田，漫过村庄和桑园，一直漫到七星峰的山脚，胡卜村现在被浙东引水工程"钦寸水库"完全淹没。

胡卜村的轮廓太大，井巷太幽深，历史太古老，文化太繁盛，无法完整无损地将她带走。于是，我一次次地用双脚踩踏村庄的每一个角落，用文字和图片录下家园所保存的历史和现实，让她在记忆中永远清晰地存在，带着我们去开辟明天更美好的新家园。

感谢胡卜人的朴实帮助，感谢胡卜人的善良纯真。

追忆 胡卜
—— 一个江南乡村的纪实影像

204

这根电线杆贴过通知，也贴过无数的广告，这次张贴的内容也许是它在胡卜最后的使命了。

村民互相装运家具。这是胡卜人的传统，淌在血液里，如同身体的一部分，自然而然。不管多热，有需要，总会有邻居前来帮忙。

追忆 **胡卜**
—— 一个江南乡村的纪实影像 | 206

忙碌的搬家身影。

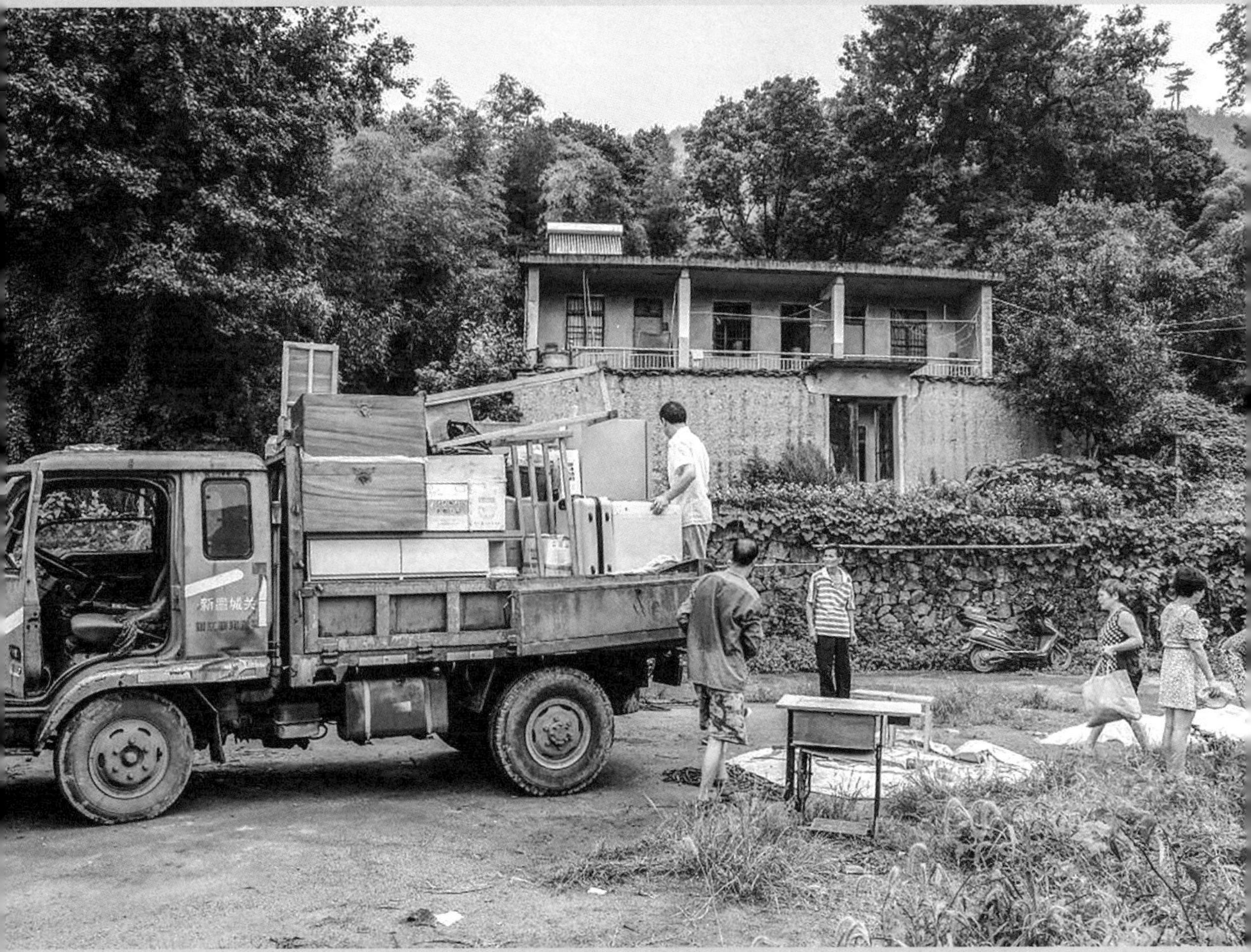

追忆 胡卜
——一个江南乡村的纪实影像 | 208

村民再次走过他们熟悉的胡卜大街,只是此时的心情不同以往。

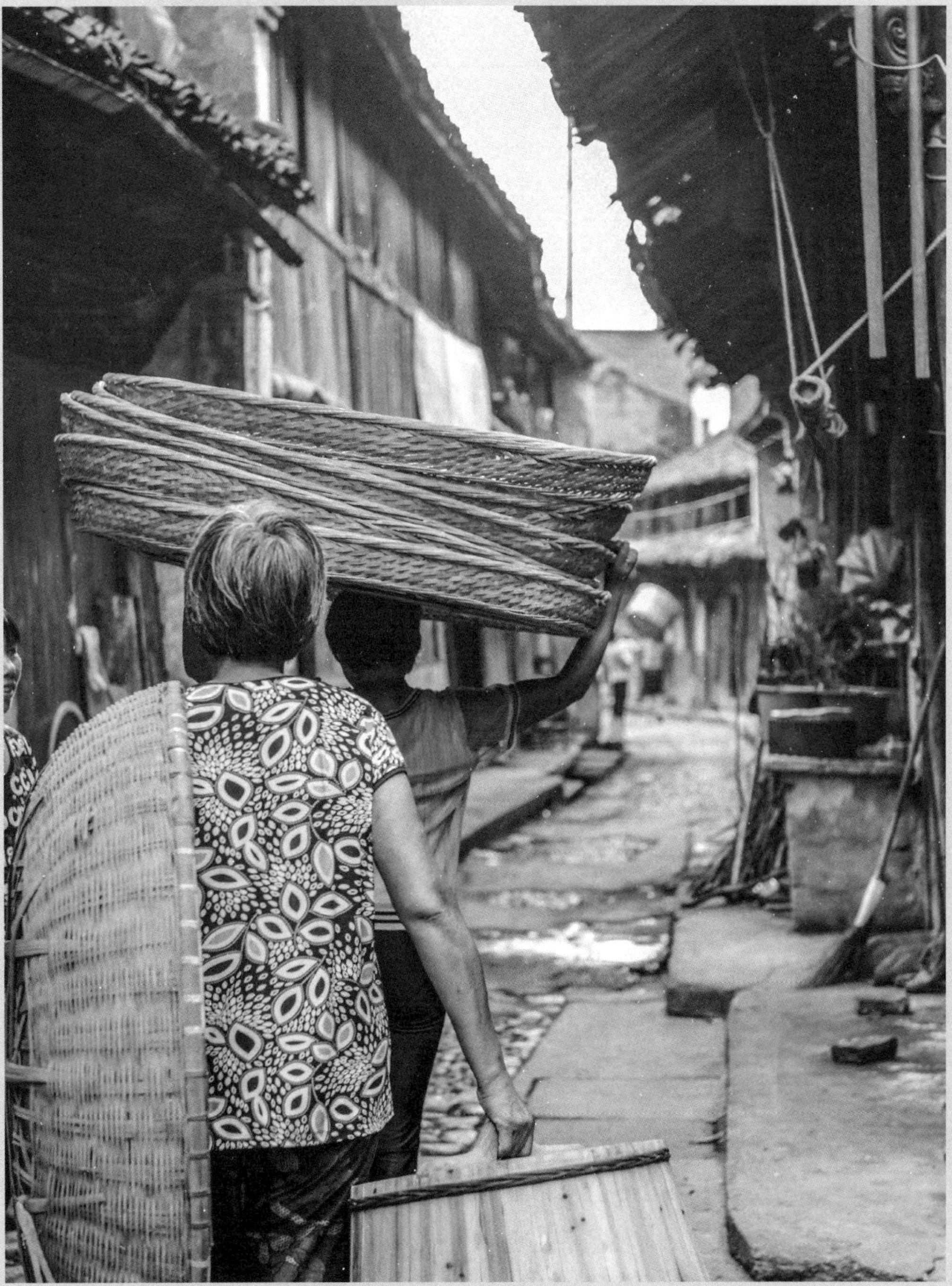

追忆 胡卜
—— 一个江南乡村的纪实影像

胡卜街上一些忙于搬迁的身影,没有了往日走在胡卜街上的轻松和自在。胡易尔台门里今天异常热闹,来了一帮和老屋最后合影的人。

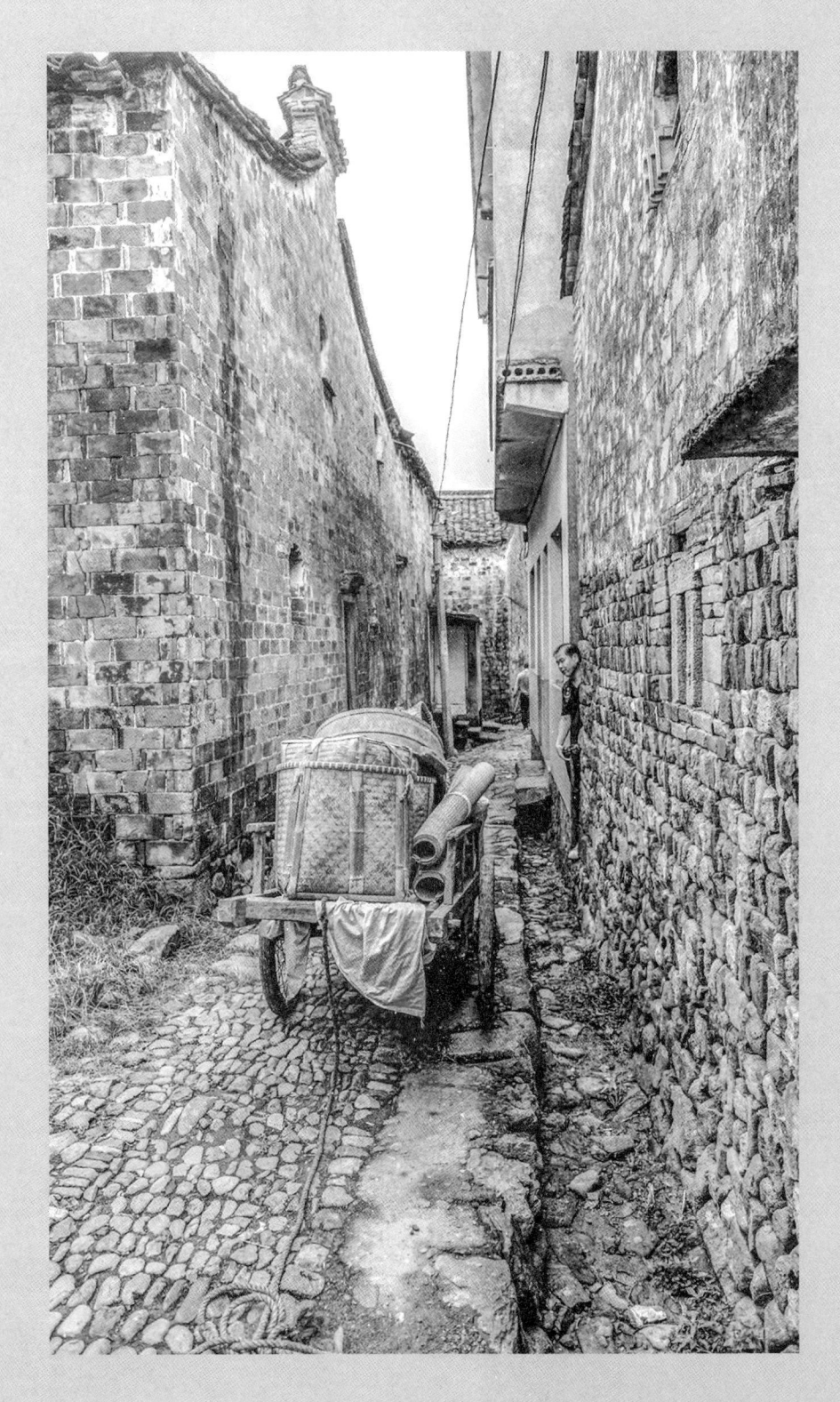

胡易尔家也开始搬迁了。

胡易尔送完一车东西返回，看见我又来了，和我打招呼。

俞锦平和妻子在整理
办厂时留下的旧机器。

追忆 胡卜
—— 一个江南乡村的纪实影像

214

1984年，胡卜生产大队改为行政村，胡卜村第一届村民委员会经全体村民选举产生，俞锦平任村民委员会主任，后来又历任多年村主任、书记等职务。1985年，在胡邦城的帮助支持下，胡卜村集体建办新昌第四毛纺厂，俞锦平任厂长，工人在新昌毛纺厂免费培训。新昌第四毛纺厂在蚕室内安装梳毛机两台，工人约100人，实行四班三运转。1992年，在村西香樟树边建造新厂房。1993年，第三号机投产。1996年，分二部分各自核算。企业为村集体带来可观收入，并资助修路筑桥等公益事业。2005年停产。

2003年，胡卜全村有纺织、轴承、制冷配件等个体私营企业21家。2005年发展到40家。今天，这些旧机器完成了它在胡卜的使命。

四份头台门另外的几家也回来搬家了。搬完所有的家具，胡若鹏在自家老屋里刨了一袋泥土带走了。走到大门门口，胡若鹏用手机给老屋拍了张照片，他的母亲深情地看着老屋，留下了泪水。拍完照片，他们匆匆地走了，没有回头。

↗ 大宗祠门口放满了各种家具，村子里面留下一座座空房子和满墙的"拆"。

梅溪胡氏大宗祠迁建筹备会

胡卜村的胡家宗祠也要被拆迁了，胡家的族人在胡家宗祠里面开家族会议。

追忆 胡卜
—— 一个江南乡村的纪实影像

↗ 这次宗祠拆迁筹备会主要发起人是胡邦成、胡柏藩等人，这项倡议也得到胡家族人的支持。会议商定由胡柏藩任胡大宗祠迁建委员会主任，胡家宗祠被拆迁后异地重建，重建的地址选在不远的一个胡氏聚集的村落：大坪头。

大宗祠里搭起了脚手架，宗祠的拆迁正式开始了，新建的宗祠将是胡家人内心灵魂安放的地方。

追忆 **胡卜**
—— 一个江南乡村的纪实影像

随着宗祠一起整体搬迁的还有几座老宅子,这些老屋的建筑部件被分别编号打包,将会在另外的地方加以重建。正在打包的台门正是义教堂。没有被选中整体拆迁的建筑,此时成了一片废墟。

此时胡卜没有三五成群话家常的村民，来的只有拆房屋的工人。

追忆 胡卜
—— 一个江南乡村的纪实影像

222

此时的胡卜村，连同胡卜人的眷念被深藏于水底。

（图片来自网络地图）

后记

胡卜村，在浙江省新昌县新林乡境内，古名"梅溪"。村庄北依七星峰，与嵊州市金庭镇接壤，南临蟠龙岗，与新林乡查林村相望。胡卜村文化的繁盛，井巷的幽深，已经印在了历代胡卜人的心中。

2004年6月12日，我第一次走进了胡卜村，村庄的井巷、台门以及蕴藏在里面的故事传说，都深深地吸引着我。此时，要筹建钦寸水库的消息已经传播开来，弥漫在其间的历史的气息，让我拿起笔来，和村民们一起记录过往和现实。2005年4月编印《千年古村胡卜》以后，2007年起又参与《梅溪胡氏宗谱》的编纂，至2011年冬举行圆谱庆典，我不知多少次走进胡卜村。每一次去，都有所收获，因此，我的《新昌乡村文化》和《绍兴目连戏》书里，有许多篇章是关于胡卜村的。在《绍兴目连戏》的后记中，第一次用文字表白了我的心迹，"我把胡卜村视为我的第二故乡"。

2013年10月2日，余国静第一次走进了胡卜村，村庄的井巷、台门以及蕴藏在里面的故事传说，也深深地吸引着她。与我不同的是，她带着照相机。此后，她又多次来到胡卜村，用摄影图片记录了村庄的许多景致与故事。此时，钦寸水库的建设正紧锣密鼓地进行着，离胡卜村民搬迁移民的日子不远了。胡卜村近十年来没有新房子出现，保留着成片的农耕时代的传统建筑，愈发显示其古朴与厚重，从各地闻讯而来的摄影师很多，这让胡卜村成为新昌县境内被摄影师拍摄照片最多的地方。摄影师们把胡卜村的一个个镜头保存在相机的内存里，有的发表在报刊上，这又吸引更多的摄影师前来采风观光。余国静是众多摄影师中的一位，她的丈夫姓胡，祖居地在胡卜村，她也因此对胡卜村有着更浓厚的感情。

余国静将照片分类整理，结集出版，这是她第一次走进胡卜村以后的心愿，也是众多胡卜村民的心愿。因为一个胡卜村，我与余国静走到了一起，可谓是图与文的合作共事。

摄影作品较之于文学的、绘画的、戏曲的艺术表现方法，更容易真实地记录生活。"栩栩如生"，时常形容艺术形象非常生动逼真，像活的一样。胡卜村已经消失在钦寸水库里，余国静的摄影作品不仅"栩栩如生"，而且可以让胡卜村的精神家园更加丰厚，传诸久远，绵绵又长长。

王东惠

2018年5月28日

致谢

终于完成了多年的心愿，将多年拍摄胡卜村的影像付梓，在此除了激动，更多的是致谢。首先要真诚地感谢胡卜村的全体村民，当年到村里以后，打动我的除了村里的深厚的文化底蕴，还有就是村民的质朴、热情和真诚。是胡卜村的村民们不厌其烦地给我讲解村里的故事，满足我的好奇；是村民们无私的帮助，给我讲解每座古老建筑的历史和人文故事；是村民们在酷暑中给我提供凉茶和可以休息的场所……村民们给我种种帮助，我没有办法一一例举，在此只能由衷地说声谢谢！

今天书稿的完成，除了众多帮助过我的胡卜村民、我的朋友和老师以外，还要真诚地感谢俞锦平先生，当年是他一遍又一遍地给我讲解胡卜村的历史，是他无私地给我提供历史资料，还是他给我联系更多的人来帮助我，可以毫不夸张地说，没有俞锦平先生的帮助，就没有今天的这本书。

当然还要感谢的人员众多，比如胡邦成先生，是他给我提供了很多线索和佐证的历史资料才使得书的内容更加丰富、可靠。还有我的合作者王东惠老师，她的帮助更为重要。此外，还要感谢我亲爱的学生们，他们是陈文萍、陈海波、蔡金坤等同学，是他们放弃假期休息的时间，随我一起下到村里，被蚊虫叮咬，被太阳暴晒都毫无怨言，让我感动，今天在此也表示感谢。

一本小书的出版之日，也是发现很多遗憾之时，本书虽然我竭尽全力，但是由于我能力水平所限，一定还存在很多不足，在此也对那些愿意翻开这本小书的读者一并表示感谢。

再次说声谢谢！

余国静

2018 年 5 月 30 日于临安